Reginaldo Fonseca

Estamos nesta existência com o propósito de viver e nos transformar a cada dia.

Vivendo
e se trans for man do

www.dvseditora.com.br
São Paulo, 2018

Copyright© DVS Editora 2018

Todos os direitos para a território brasileiro reservados pela editora.

Nenhuma parte deste livro poderá ser reproduzida, armazenada em sistema de recuperação, ou transmitida por qualquer meio, seja na forma eletrônica, mecânica, fotocopiada, gravada ou qualquer outra, sem autorização por escrito do autor, nos termos da Lei nº 9.610/1998.

Contato: reginaldofonseca@ciapaulistademoda.com.br

Capa e Ilustração: Clau Cicala

Diagramação: Spazio Publicidade e Propaganda

Revisão de textos: Sylvia Goulart e Alessandra Angelo

Dados Internacionais de Catalogação na Publicação (CIP)
(Câmara Brasileira do Livro, SP, Brasil)

Fonseca, Reginaldo
 Vivendo e se transformando / Reginaldo Fonseca. --
São Paulo : DVS Editora, 2018.

 ISBN 978-85-8289-200-8

 1. Autoajuda 2. Conduta de vida 3. Crescimento pessoal 4. Espiritualidade 5. Motivação 6. Mudança de comportamento 7. Transformação pessoal I. Título.

18-21542   CDD-158.1

Índices para catálogo sistemático:

1. Transformação pessoal : Psicologia aplicada   158.1

Cibele Maria Dias - Bibliotecária - CRB-8/9427

Quando buscamos a nossa transformação e nos modificamos internamente, pode ter a certeza de que iremos melhorar o nosso ser.

VIVENDO E SE TRANSFORMANDO

DEDICATÓRIA

Dedico este livro a todos aqueles que fazem ou fizeram parte da minha vida, e que, de alguma forma, se tornaram fonte de inspiração e transformação para o meu viver e aprendizado.

Ao Nuno Quental, que está sempre ao meu lado e é a força da minha vida.

À minha mãe Rosa Honorato, pela oportunidade da vida, por orar todos os dias por mim e por todo o amor dispensado.

À minha família, pelo amor, carinho e atenção.

A todos os meus sobrinhos, que são os amores da minha vida.

Ao grande amigo e irmão de alma Thomaz Aquino, que tanto me ajudou nesta existência.

Ao meu terapeuta Prof. Kiyoshi O. Konno, que com suas palavras mágicas e seus cuidados, transformou a minha vida.

E à minha querida amiga Maria Encarnação Gomes, que foi uma pessoa que acreditou muito em mim, me ensinou tantas coisas maravilhosas e que, infelizmente, nos deixou e seguiu para o plano espiritual.

AGRADECIMENTOS ESPECIAIS

Sei que nada é por acaso em nossas vidas. Acredito fielmente que existe um motivo pelo qual as pessoas passam por nós e que elas sempre nos deixarão algo.

Não poderia deixar de agradecer a uma pessoa que passou pela minha vida e foi uma grande inspiração para eu realizar esta obra. Em sua passagem, trouxe-me inúmeras coisas boas e deixou uma luz que resultou neste livro.

Lembro-me claramente da quantidade de mensagens que trocamos, e isso me fez perceber que realmente eu gostava e precisava escrever. Só tenho a agradecer e muito!

E também...

À minha parceira profissional Sylvia Goulart, que revisa tudo o que escrevo e cuida tão bem das minhas coisas.

À querida e talentosa Clau Cicala, pela ilustração e capa deste livro.

Aos meus amigos, mestres, terapeutas, gurus e parceiros de sempre, que são eles:

Esmeralda Villa Franca, Colle, Soraia Bauer, Inês de Paula, Belton Sant, Marilia Cossermelli, Cilene Vieira, Maricy Vogel, Claudia Menegotto, Flavia Azambuja, Dalila Caldas, Beth Fava, Dona Licinha, Rosana Dias Marcal Vieira, Rubens Marcos da Matta, Nilza de Fátima Raggasine, Malu Andrade, Mônica Monteiro Porto, Ana Cruz, Margareth Monaco Tufik, Marilda Serrano, Stelio Quental, Fidel Araujo, Fabíola Soares Date, Adelino Basilio, Emilia Morais, Andréia Boneti, Jackson Araujo, Tiago Homci, Fátima Brízio, Hercules Gonzaga, Camila Marsi, Ming Liao Tao, Dulce Regina, Elza Souza, Juliana Gama, Fabio Dario Costa, Lucie Boulanger, Thomás De Lucca, Marcel Ammar, Giovanna Dória, entre muitos outros.

É impossível colocar todos aqui, pois daria um outro livro.

O meu muito obrigado a todos que gostam de mim e sempre me enviam luz e boas vibrações.

Sou eternamente grato!

Este livro é um presente que ofereço a você!
Ele vem recheado de dicas, aprendizados e vivências.
Espero que ele possa, de alguma forma, lhe ajudar a viver melhor neste mundo moderno e transformador.

Boa leitura!

SUMÁRIO

INTRODUÇÃO: O PORQUÊ DESSE LIVRO 1
VIDA E ESPIRITUALIDADE 6
VIDA E TRABALHO 12
SUCESSO: COMO ALCANÇÁ-LO? 18
O QUE ESTOU APRENDENDO COM A VIDA 22
VALORES HUMANOS 29
SONHANDO ACORDADO 34
O QUE É DEUS 39
A QUE É A VIDA 44
A VIDA COBRA 48
EXISTÊNCIA HUMANA 54
O MUNDO É OUTRO 60
É PRECISO ACREDITAR 64
VOCÊ E O MUNDO 69
NOSSOS ERROS 72
AS NOSSAS ESCOLHAS 76
FAZENDO A DIFERENÇA 79
MEU MUNDO E MINHA REALIDADE 82
TREM DA VIDA 86
O MOMENTO 90
A JUSTIÇA 94
ENERGIA E VIBRAÇÃO 98
RENASCER 102
PARE DE RECLAMAR HOJE MESMO 107
MOMENTO DE CALAR OU DE FALAR 111

XII - Vivendo e se Transformando

A PROSPERIDADE 115
RIQUEZA E POBREZA 120
A RAZÃO DE SER 125
A BAGAGEM 128
REFORMANDO A NOSSA VIDA 133
FASES DA VIDA 137
A SUBIDA 140
SINTONIA 145
MUDANDO A NOSSA VIBRAÇÃO 148
AFIRMAÇÃO POSITIVA: VIBRE POSITIVAMENTE SEMPRE 152
A VIDA É UM MILAGRE 154
COISAS BOAS DA VIDA 157
NOSSA CONDUTA PARA O NOVO MUNDO 161
VAMOS SER FELIZES 166
OS MOMENTOS 169
CRESCER COMO SER 172
A TRANSFORMAÇÃO DO SER 175
A VERDADE DE CADA UM 179
ACERTAR E ERRAR 181
A LUZ QUE PRECISAMOS 183
EQUILÍBRIO 185
VIVENDO COM QUALIDADE DE VIDA 188
PAIS SUPERPROTETORES 191
ASSIM COMO AS ESTRELAS 196
O AMOR 199
EM BUSCA DO AMOR 202
O PERDÃO 205
O TEMPO 208
GRATIDÃO X GRATIDÃO 211
ATITUDE DÁ VIDA ÀS COISAS 214
SAI UM ANO E VEM OUTRO 216
O TRABALHO É UMA DÁDIVA 221
O BOM RELACIONAMENTO 226
QUANDO CHEGA O NOSSO ANIVERSÁRIO 229
NOSSO PROPÓSITO 231

A PASSAGEM	234
AMOR À MODA ANTIGA	237
DISCIPLINA E BOA CONDUTA	241
A FÉ	244
A FORÇA	247
LIBERDADE	250
CONDIÇÕES E POSSIBILIDADES	254
OTIMISMO E ENTUSIASMO	257
INTELIGÊNCIA E SABEDORIA	260
GANHAR E PERDER	263
BELEZA FÍSICA E BELEZA ESPIRITUAL	266
A BATALHA	270
A VIDA PODE SER UM JOGO	273
A NOBREZA	278
BUSQUE SEMPRE A PAZ	281
O SUCESSO E SEUS SEGREDOS	285
E QUANDO TUDO TERMINA	291
SOBRE O AUTOR	295

INTRODUÇÃO: O PORQUÊ DESSE LIVRO

Sempre gostei de escrever, ler, estudar, pesquisar, aprender, ensinar, ouvir e falar.

Sempre adorei conhecer coisas, lugares diferentes e pessoas novas.

Amo trocar experiências, observar, viajar pelo planeta e tentar entender o ser humano e um pouco da sua conduta perante o mundo.

Sempre gostei de levar uma palavra a quem precisa de apoio, de ser justo e verdadeiro, de ajudar o próximo de alguma forma, de ser útil aos demais e praticar o bem. Prezo por ser honesto, ter caráter, estar bem comigo e com os demais, viver bem, estar feliz e equilibrado, entre muitas outras coisas.

No passado, escrevi alguns textos e os deixei guardados em um baú. E há alguns anos, comecei a escrever novas notas e fui publicando nas redes sociais. Foi então que percebi que as pessoas gostavam, precisavam e queriam ler coisas boas, verdadeiras, reais e que pudessem, de alguma forma, ajudá-las a melhorar suas vidas. Com isso, vi que essas mensagens de positividade eram sempre bem-vindas e, também, uma forma de colocar o leitor para cima.

E isso fazia com que eu me sentisse muito bem, útil e feliz, já que sabemos que viver não é uma tarefa fácil para ninguém.

Dos textos que publicava, recebia diversos comentários, que eram bastante verdadeiros e, em algumas vezes, confesso que meus olhos se encheram de lágrimas, ao ler as respostas que as pessoas enviavam com tanto carinho.

Sabe aquele texto ou aquela palavra que chega para alguém na hora certa?

Os leitores relatavam muitas coisas ao lerem as mensagens e era realmente gratificante. Na realidade, é muito emocionante!

Sempre tive o prazer de aconselhar pessoas e conduzi-las para o caminho do bem e da luz.

E sempre amei fazer isso e o faço com todo o amor.

Além do meu trabalho no mundo da moda, deveria ter seguido a carreira de psicólogo, pois me dá um grande prazer poder ouvir, falar e ajudar as pessoas de alguma maneira.

No ano de 2012, escrevi o meu primeiro livro, em comemoração aos 25 anos da minha empresa, a Cia Paulista de Moda. Era muito valioso cada vez que alguém recebia a obra e ficava feliz com aquele presente, que foi preparado com muito carinho e dedicação.

Em dezembro de 2016, em uma viagem que fiz para a China, cujo trajeto de Guangzhou para Beijing me fez ficar quase dez horas dentro de um trem, decidi que escreveria um próximo livro e que esse seria com textos de autoajuda, bastante motivacionais.

Naquela ocasião, eu vivia um momento um pouco turbulento da minha vida. Não estava bem comigo mesmo e passavam-se mil coisas pela minha cabeça. Além do mais, estava vivendo o meu inferno astral, que antecedia o dia do meu aniversário. E, também, estava triste por algumas circunstâncias e foi o momento decisivo para eu desenvolver essa obra.

Penso assim: quando não estamos bem, o ideal é usarmos aquele momento de uma forma muito positiva para nós e para os demais.

Cabeça vazia é morada do demônio, não é mesmo?

E esse livro foi pensado justamente no que as pessoas querem e precisam ler ou ouvir, para se sentirem bem, felizes e viverem melhor.

Naquela mesma viagem, comecei a escrever alguns dos principais textos e mensagens que estão neste livro.

E então, com muita ajuda espiritual, desenhei e rascunhei muitas coisas que gostaria que estivessem aqui. Foram dez horas de muita euforia, de querer ficar bem comigo mesmo, de me transformar em um ser melhor e de me equilibrar. O tempo voou e foi muito produtivo!

Lembro-me que coloquei, no bloco de anotações, item por item da maioria dos tópicos que estão nessa obra.

Apesar de ter uma vida louca, dormir pouco, ter muitas viagens semanais e a agenda lotada de trabalho, em todo momento que sobrava, eu aproveitava para escrever: em casa, nas longas viagens, no carro, no aeroporto, nos voos distantes e cansativos, nos hotéis ou em qualquer outro lugar. E sempre era algo que estava vivendo ou sentindo naquela hora.

Você poderá entrar um pouquinho no meu íntimo e nos meus sentimentos mais profundos.

Poderá me conhecer como um ser que tem as mesmas lutas de vida que você tem.

Sei que tenho qualidades, mas também preciso lidar diariamente contra os meus defeitos.

Tento me superar a cada dia e a cada momento de vida.

Trabalho para ser uma pessoa melhor nesta existência e não perder tempo com as coisas.

E sei que não é fácil. Na realidade, vejo que nada é fácil na vida!

Este livro tem textos, frases e palavras que muitas vezes se repetem, se conectam, se transformam e se misturam, e isso é proposital, pode crer.

Ele foi escrito para fazer você pensar e refletir um pouco mais sobre a vida, com o intuito de poder trazer uma palavra que possa lhe ajudar, de alguma forma, a viver melhor neste mundo moderno e transformador da atualidade.

Antes dessas palavras chegarem até você, elas passaram mil vezes pela minha cabeça. Vivi e senti muitas delas, e pode ter certeza de que me ajudaram a ver a vida de outra forma e de outro ângulo e, claro, a acreditar mais em mim e no meu potencial.

Fizeram-me perceber que não posso mudar o mundo, nem as pessoas. Não posso ter tudo o que quero, mas posso sim (e muito!) me mudar e me transformar internamente, a cada dia.

Sei, aceito, percebo e entendo o quanto precisamos crescer, aprender e evoluir, ações que estão entre as coisas mais importantes para todos nós, seres humanos.

Ainda mais quando o assunto é evolução moral e intelectual.

Estamos aqui com muitos objetivos e vários propósitos. Da melhor forma possível, é preciso aproveitar muito bem a vida, melhorar e se transformar nesta longa viagem pelo planeta Terra.

Sendo assim, um dia conseguiremos nos transformar em um ser melhor e de luz, aquele que queremos e pretendemos ser de verdade.

Vejo que temos dois acontecimentos importantes em nossas vidas e um grande propósito. "Nascer e Morrer" fazem parte dos dois acontecimentos, mas o "Propósito", que é o intervalo entre eles, é o que mais precisamos aproveitar para sairmos bem e evoluídos dessa existência.

Aconselho-o a ler os textos, refletir sobre cada um deles e se puder e quiser, ler outras vezes.

Em alguns momentos, um texto irá se conectar com o outro e fazê-lo entender o sentido da vida e como se transformar em um ser melhor a cada dia.

Saiba que aqui tem as minhas pesquisas de vida, vivências, experiências, descobertas, dores, angústias, minhas viagens internas e vitórias.

Tem meus fracassos, aprendizados com a vida, minha forma de ver o mundo e as pessoas, minha percepção e respeito com o universo, e minha tristeza e perdão com a ingratidão de alguns seres humanos que passaram pela minha vida.

Aqui tem meu propósito de viver, minha fé em Deus, nos mestres espirituais e na espiritualidade superior, minhas transformações, meu pouco entendimento da vida e da morte, minhas lutas diárias, meus conflitos, minha sabedoria e ignorância, minha transformação como ser e meus medos.

Tem minhas buscas, meus receios, meu amor pela vida e pelo meu trabalho, minhas preocupações em fazer o melhor sempre, minhas cobranças como ser humano, meu processo evolutivo, meus cuidados com quem eu amo, minhas dores, meu despertar para a vida, e meus agradecimentos diários por ter tudo o que tenho e faço em minha vida.

Tem minha dedicação, minha confiança em mim mesmo, minhas decepções e curiosidades, meus receios, minhas preocupações e decisões, minha conduta e humildade, meu caráter, minha personalidade, minha honestidade, minhas atitudes, minhas lutas com o ego e a vaidade, minha bondade, meu estilo de vida, meus desejos, minha fé e meu viver.

Enfim, espero que esse livro possa, de alguma forma, lhe ajudar a entender os mistérios da vida e a melhorar a sua forma de viver, de ser e de ver o mundo e as pessoas.

Ficarei na torcida por você, tenha certeza disso!

Espero que curta bastante tudo o que lerá.

E que você possa usar e aplicar essas palavras e mensagens em sua vida, além de dividir com as pessoas que vivem e convivem com você.

Aproveite bem a leitura!

Com todo o meu carinho e de todo o meu coração,

Reginaldo Fonseca

VIDA E ESPIRITUALIDADE

Aos 22 anos de idade, tudo mudou na minha vida! Foi num piscar de olhos que acendi a chama da espiritualidade e comecei a perceber os propósitos desta existência e a sacar que nada na vida é fácil, como muitas vezes imaginamos ser.

Não tinha ideia do que me esperava pelo decorrer da vida. Hoje, tenho uma leve noção das coisas, de como elas são ou podem ser e sei que, dependendo do que estivermos fazendo de bom ou de ruim, teremos a merecida colheita.

Naquela pouca idade, eu trabalhava feito louco e, na realidade, trabalho muito até hoje. Minha vida sempre foi feita de muito trabalho, desde os meus 14 anos. Meus pais se separaram quando eu tinha apenas 7 anos e minha vida mudou naquele momento, aos 9 anos perdi o meu pai, e então passei a ser o homem da casa. Minhas responsabilidades começaram precocemente e no decorrer da vida só foram aumentando.

Mas todos nós, em algum momento da existência, temos um chamado e é preciso estar muito atento a ele.

No meu caso, foi assim:

Estava em uma viagem a trabalho, na cidade de Aparecida, no interior de São Paulo. Era uma manhã linda e ensolarada de dezembro, em uma data próxima do meu aniversário. Por sinal, eu estava no final do meu inferno astral, para ir de encontro aos meus 23 anos. O relógio marcava 11h10 e como eu estava de folga naquela manhã, resolvi ir ver a cidade na ponta de uma montanha. Era um lugar altíssimo, onde havia uma torre de TV, cuja a vista da cidade e de boa parte do Vale do Paraíba era incrível.

Havia cerca de um ano que eu tinha me mudado para o Vale, portanto, conhecia bem pouco daquela região.

Então, eu e um amigo subimos de carro para contemplar aquela vista.

Durante a subida, não me sentia muito bem. Estava eufórico, muito estranho e mil coisas passavam pela minha cabeça. Pareciam flashes de toda a minha vida até aquele momento. E, também, de coisas que eu tinha para viver, fazer e passar como ser humano no processo evolutivo. Eram coisas que eu ainda precisava vivenciar e aprender. Algo que não conseguia compreender naquele instante, com tão pouca idade e imaturo, naquela altura da vida.

O carro chegou na ponta da montanha, fomos fazer a manobra e em uma fração de segundos, deparei-me com o carro caindo no abismo. Então, disse para mim mesmo, bem alto e claro: "Meu DEUS, me tire daqui, pois ainda não é o momento de partir deste planeta e tenho muitas coisas para fazer nesta vida".

Era ensurdecedor o barulho do carro descendo morro abaixo e o meu coração estava na boca.

Parecia que tudo estava em câmera lenta. Não tenho como explicar!

Fechei os meus olhos e pedi uma nova chance, com toda a minha força.

E o milagre aconteceu!

Quando percebi, não sei como, me vi sendo lançado para fora do carro. Fiquei sentado, desesperado, vendo o carro capotar por diversas vezes naquela montanha e com o meu amigo dentro. Fiquei com as mãos na cabeça, em pânico, sem saber o que fazer.

Quando o carro parou lá embaixo, desci correndo para ver como o meu amigo estava. Nem sei como consegui descer correndo naquela pirambeira íngreme.

Naquele momento, eu não tinha nenhuma ideia de como funcionava o lado espiritual da vida. Mas sei que o meu maior medo era o de encontrar o meu corpo e o do meu amigo dentro do carro. Algo insano, que não consigo explicar!

Com a respiração ofegante e uma tremedeira enorme por todo o corpo, me aproximei do carro. Vi que meu corpo não estava dentro dele e meu amigo pedia ajuda para sair. Que alívio eu senti!

Nessa hora, apareceu um casal de moradores. A senhora olhou bem nos meus olhos, disse que estava tudo bem e queria saber se eu estava machucado. Ela me deu um copo de água (que nem sei de onde apareceu) e percebi que eu estava vivo. Mal conseguia segurar o copo, pois a tremedeira era grande.

Estava em choque, com a mente paralisada. Coisa de louco!

O socorro chegou e entramos na ambulância. No hospital, passamos por vários exames e, por sorte ou merecimento de nossas vidas, nada de grave havia acontecido com nenhum de nós.

Podia ouvir todos ali no hospital dizendo a mesma coisa.

Como conseguimos sobreviver naquele acidente bizarro?

Um carro cair daquela altura e estarmos vivos era algo que as pessoas não entendiam e, muito menos, acreditavam.

O carro deu perda total e conseguia passar por uma porta, de tão amassado que se encontrava. Na tarde daquele mesmo dia, quando vi o carro para a liberação do seguro, não resisti e comecei a chorar descontroladamente. A mente voltou a trabalhar e as imagens vieram à tona.

Lembro que fiquei uma semana na cama, com dores por todo o corpo. Mal conseguia respirar e os questionamentos tomavam conta do meu ser e da minha mente.

Eram tantos "POR QUÊS?"...

Foi nesse processo de recuperação que uma grande amiga, chamada Elza Souza, me mostrou o Espiritismo, o qual me seduziu naquele momento frágil, doloroso e turbulento da minha vida.

Queria entender o motivo da vida, as consequências e o propósito que temos no seu decorrer.

Presenteado por ela, li o primeiro livro espírita (Laços Eternos), que falava exatamente o que eu queria e precisava saber na época.

Como tudo em nossas vidas é tão mágico, né?

Quando fui a primeira vez ao centro espírita com ela, parecia que a palestra tinha sido preparada para mim. Fiquei encantado, comecei a entender vários motivos dessa existência e me via naquela palestra a cada frase dita.

Outro fato marcante foi a música que eu ouvia enquanto lia aquele livro, durante o processo de recuperação física, emocional, mental e espiritual do acidente.

Coincidência ou não, dez anos depois do acidente, fui assistir, em São Paulo, uma palestra de um grande orador espírita (Divaldo Franco) e para a minha surpresa, tocava exatamente a mesma música quando cheguei ao local do evento!

Além disso, em toda a palestra, ele falava de coisas que tinham passado pela minha cabeça antes do acidente. As palavras tocavam a minha alma de tal forma, que consegui compreender tantas coisas sobre a nossa existência e ter a certeza que DEUS realmente tem um propósito para cada um de nós. Realmente, só peru morre na véspera! Quando temos algo a fazer, o plano espiritual e o universo criam várias situações para nos guiar, alertar, conduzir e nos mostrar o que se tem a fazer. Dessa forma, aproveitaremos ao máximo cada existência, para cumprir o nosso papel em nossa programação de vida.

Sei que falta muito e muito no meu processo evolutivo. Ainda há milhares de coisas para acontecer no decorrer de minhas vidas. Mas o fato de ter um pouquinho de discernimento e entendimento, já me ajudam e muito.

Viver não é tarefa fácil para ninguém. Cada dia é um dia. Temos que matar um leão diariamente.

É preciso tentar descobrir os motivos de estarmos nesse planeta, em um momento de total transformação. Sacar qual é a nossa missão e fazer o que tem que ser feito, tentando fazer sempre da melhor forma. É preciso tentar cumprir a nossa programação de vida de alguma forma, entende?

O acidente me mostrou e ensinou tantas coisas! Ele me trouxe coisas de grande importância para mim. Através dele, tirei a lição de aprender a ser grato pela vida e por todas as coisas que nela acontecem. Provavelmente a maior lição foi a de dar um valor especial à vida, que talvez eu não desse antes do acidente.

Sei que nasci novamente e tive uma nova chance. Ou melhor, renasci para uma nova vida. O acidente também me fez começar a dedicar uma parte do meu tempo e da minha vida a causas sociais, de ajuda ao próximo e coisas que valem a pena fazer enquanto estamos vivos.

Entendi que precisamos ser bons e fazer o bem, sempre. Aprendi também que não podemos ser idiotas e deixar as pessoas pisarem em nós. Às vezes, é necessário sermos firmes com alguns.

Temos que trabalhar a nossa humildade e o perdão o tempo todo.

Hoje, dou um valor enorme a todas as coisas que me acontecem e vêm para mim. Não sou santo, assim como ninguém desse planeta é santo. Mas precisamos nos esforçar para melhorarmos a cada dia.

Se eu tivesse partido naquela manhã de dezembro, naquela cidade considerada sagrada, não estaria escrevendo estas linhas e esse livro. Talvez não tivesse amadurecido como ser humano e conseguido evoluir um pouquinho como espírito.

É claro que, de lá para cá, tantas outras coisas aconteceram na minha vida. Provas atrás de provas. Lutas e lutas diárias, pois é assim para todo mundo que quer e precisa evoluir. Já fui sequestrado e fiquei a noite toda na mão de um bandido. Já fui roubado, já chorei muito, já fui usado e explorado por algumas pessoas, já me decepcionei em alguns momentos da vida e até perdi a vontade de viver. Me desesperei, me desequilibrei, gritei, briguei, entre tantas outras coisas que a maioria dos seres humanos passa para evoluir.

Mas, também, por diversas vezes, vivi coisas lindas e maravilhosas. Já tive momentos mais que prazerosos e de muitas conquistas e vitórias, graças a DEUS.

Por isso, costumo agradecer todos os dias e por tudo, pelos bons e maus momentos. Pelos momentos de glória e de sofrimento, pelas derrotas e pelas vitórias. Pelo amanhecer e pelo anoitecer. Por estar vivo, com saúde, trabalhando e fazendo as coisas que gosto, quero e preciso fazer.

Enfim, por tudo que a vida me traz e me oferece.

Hoje, tenho a certeza de que aprendemos e evoluímos muito mais pela DOR do que pelo AMOR.

O importante é nos mantermos equilibrados, firmes e fortes o tempo todo. Ter foco, ter objetivos de vida e jamais desanimar/desistir.

Tudo na vida tem e terá um motivo de ser, tudo mesmo. Pode acreditar! Nada é por acaso em nossas vidas. Um dia, perceberemos os motivos de tudo o que nos acontece.

Os problemas de hoje nos darão as soluções de amanhã. A fraqueza de agora será a força para depois.

Na vida, tudo passa e tudo sempre passará. Sendo bom ou ruim, passará. Acredite!

O vencedor é e sempre será aquele grande lutador. Então, para vencer, é preciso lutar e muito.

Hoje sei o quanto preciso melhorar, conhecer-me melhor, lidar comigo mesmo e com as pessoas que pensam, vibram e agem de forma diferente. Só assim, conseguirei me transformar em uma pessoa melhor a cada dia.

Não é fácil e nada é fácil. Todos nós já percebemos isso!

Mas o esforço contínuo nos colocará no trilho correto da vida e do acerto daquilo que buscamos para nós.

Então, vamos buscar o equilíbrio, a paz, plantar o bem e fazer o que temos de fazer, da melhor forma possível.

Boa sorte para nós, em nossas caminhadas!

VIDA E TRABALHO

Estou há anos no mundo da Moda. Essa é a minha profissão e minha vida.

Foi nesse fascinante Mundo Fashion que tudo começou para mim.

Quando iniciei nesse mercado era um garotinho imaturo e, ao mesmo tempo, resolvido.

Naquele momento, ainda não sabia o que estava acontecendo, mas tinha muito desejo de vencer na vida. Não fazia ideia de quem eram aquelas pessoas malucas em minha volta, que não paravam de gritar e, muito menos, onde eu poderia chegar.

Hoje, vejo que cheguei onde imaginava e estou aqui, com muita força, fé, coragem, determinação e garra, desenvolvendo um trabalho sério e respeitado por todos.

Costumo dizer que boa parte da minha vida foi dedicada totalmente ao meu trabalho com a Moda e, por incrível que pareça, nunca quis fazer parte desse universo, até mesmo por filosofia de vida.

Amo a minha profissão e sei também o quanto esse mundo glamouroso e fantástico pode ser perigoso.

Todos gostam, precisam e querem comprar roupas novas.

Quem não gosta de se vestir bem?

Todos nós gostamos e queremos ser vistos e notados através dos nossos trajes, é claro!

Fico feliz em ter contribuído e gerado negócios superlucrativos para a Moda, através de minhas consultorias, ações e eventos neste tempo todo.

Já produzi e dirigi mais de 5 mil desfiles, em diversos lugares. Atendi mais de 200 shopping centers, em várias partes do Brasil e do mundo, além de muitos outros clientes.

Viajar, conhecer lugares e pessoas sempre fizeram parte da minha vida. Afinal, sou sagitariano na alma.

Minha vida sempre foi uma grande luta, cheia de trabalho e muitas responsabilidades, cercada de muita correria e loucura até hoje, mas tudo de forma sadia e equilibrada.

Não paro um minuto! Para mim, não tem feriado, sábado, nem domingo. Faço o meu trabalho com dedicação, profissionalismo, respeito e muito amor.

Afinal, o segredo do sucesso é fazer o que se gosta e é importante fazer bem-feito.

Nada é fácil na vida. Nada vem fácil para ninguém, ainda mais nos dias de hoje e com esta grande transformação no planeta.

Acredito em parcerias verdadeiras e de longo prazo. Em três décadas de muito trabalho, consegui fazer amigos sinceros, do bem e de verdade.

Tenho clientes e parceiros de muitos anos. Isso não é para qualquer um!

Colocar um nome no mercado não é difícil. Difícil mesmo é fazê-lo permanecer por tanto tempo.

É claro que sempre fui esperto o suficiente para não permitir que pessoas estivessem ao meu lado somente pelo que eu poderia oferecer. Confesso que caí nessa em alguns momentos e com algumas pessoas. Faz parte da vida, apesar de ser triste demais.

No mundo em geral, existem pessoas maldosas, oportunistas e que querem usar as outras o tempo todo. E muitas querem estar no lugar das outras pessoas. É necessário tomar cuidado, sempre.

Estar entre os melhores do Brasil, no meu segmento profissional, deixa-me realizado em todos os setores da minha vida. Pode acreditar!

Procuro trabalhar a humildade, a vaidade e o ego todos os dias. Até porque nunca seremos bons em tudo o que fizermos, nem bons o suficiente para todos, nem para sempre.

Nunca tive padrinho na vida e na profissão.

Nunca dormi com alguém para conseguir um trabalho. Nunca me droguei ou perdi tempo em baladas, ou me achando ser o melhor dos melhores.

Nada contra ninguém em nada disso. Cada um é um e sempre assumirá a sua responsabilidade com o universo.

Falo por mim e daquilo que acredito ser bom para mim.

Tento ser um exemplo para os meus sobrinhos e a quem está no meu processo de vida.

Sempre entreguei o trabalho solicitado, que muitas vezes é mais do que ofereço, já que os clientes esperam mais e mais.

Após cada trabalho, fui embora para dormir e descansar para o próximo dia. Mesmo dormindo muito pouco por noite.

Isso se chama responsabilidade e dever cumprido. Na vida pessoal e profissional, é preciso ter caráter e personalidade.

Temos que tomar cuidado com as máscaras. Vai por mim, elas caem a todo momento.

Tenho um grande amigo de infância que me ajudou a dar um pulo grande na minha carreira. A ele, sou eternamente grato. Obrigado, Thomaz Aquino, por ter feito tudo o que fez por mim e por minha profissão.

Muitos dos melhores profissionais do mercado da Moda já trabalharam comigo, no início de suas carreiras, e hoje são profissionais incríveis. Sei que trocamos, lá atrás, grandes experiências de vida.

O Sol nasce todos os dias e para todos. Ficar na sombra de alguém jamais valerá a pena.

Ser bom no que se faz não quer dizer ser uma boa pessoa ou ser melhor que o outro. A profissão é uma parte da nossa vida. Pense nisso!

Qualquer equipe que desenvolve um trabalho com excelência precisa ter um grande líder. Ser um bom líder é uma tarefa muito difícil.

Administrar o ego e a vaidade das pessoas também é complicado.

Sou muito profissional. Na realidade, extremamente profissional. Cobro, corrijo, ensino, puxo as orelhas e troco experiências com todos que trabalham comigo. Sei que muitas vezes passei e passo por chato. As pessoas não sabem definir o que é ser profissional de verdade. Vejo tudo lá na frente, vejo antes de acontecer, vejo pronto! Procuro olhar por ângulos que poucos conseguem ver.

Fica aqui o meu perdão aos que magoei de alguma forma e não conseguiram perceber que, no trabalho, não podemos levar a emoção, pois ela precisa ficar em casa, bem quietinha.

Hoje, tenho a oportunidade de ser chamado para trabalhar em vários lugares do mundo. Isso é um privilégio e a prova do reconhecimento daquilo que se faz, quando focamos em fazer bem-feito.

É assim que vejo qualquer profissão. Sou demais de detalhista e procuro deixar os clientes felizes e satisfeitos com a minha entrega profissional. Essa é a minha filosofia de vida. Sempre trabalhei por resultados e para gerar negócios lucrativos para os meus clientes, fornecedores e parceiros.

Não tenho tempo para brincar e nunca quis perder tempo com coisas que não valem a pena na vida.

Até porque a vida passa rápido e as pessoas se esquecem rapidamente de nós e do que fizemos.

Trabalho é trabalho, negócio é negócio e amigo é amigo. É importante sempre saber separar as coisas.

Meu trabalho é a oportunidade que tenho nas mãos para levar uma grande mensagem para o mundo, que é mostrar e valorizar o belo. E faço isso de forma totalmente inteligente, profissional e consciente.

Acredito na sedução, no desejo, na expectativa, na informação, na comunicação e na interatividade. São esses os principais ingredientes que levo, através do meu trabalho, para ajudar as pessoas a se vestirem de forma correta e a comprarem de forma consciente.

A vida é cheia de grandes oportunidades; todo dia tem uma ou mais esperando por nós. Vale a pena fazer as coisas bem-feitas, ser o melhor no que faz e ser bom com as pessoas e com o planeta.

É importante estar no lugar certo, com as pessoas certas e na hora certa. Com certeza, o resultado será certo.

Quando nos conectamos às boas coisas da vida, somos bons para o planeta e para os seres que nele vivem, o universo age de uma forma misteriosa e poderosa para nos agradar e nos amparar.

Aquilo que é nosso por direito divino, o universo vai encontrar o verdadeiro caminho para chegar até nós. Só não podemos desperdiçar as oportunidades!

Quando a minha empresa – Cia Paulista de Moda – tinha um departamento de agenciamento de modelos, descobrimos e projetamos diversos jovens que se tornaram grandes profissionais e hoje, são modelos de vida. Isso me deixa feliz e realizado. Muitos deles fizeram carreira internacional e ganharam milhões de dólares. Exportamos mais de 100 modelos e muitos fizeram carreiras consagradas e brilhantes.

Desde jovem, uso um mantra poderoso, que diz: **"TUDO O QUE EU TOCO VIRA OURO"**, e vira mesmo!

Há anos comecei minha busca no caminho da espiritualidade e sei que ela me acompanhará pelas próximas 100 existências. Isso ajuda muito na minha vida pessoal e profissional, todos os dias. Já foi um grande começo para eu me conhecer como indivíduo e para lidar com pessoas de pensamentos, interesses, condutas, personalidades e filosofias completamente diferentes.

Na vida, vamos encontrar muitas pessoas más, oportunistas, egoístas, orgulhosas, interesseiras, mentirosas, invejosas e com energia ruim. Todo cuidado é pouco. O ideal é manter essas pessoas distantes da gente.

Acho muito importante levar uma boa mensagem aos seres que nos cercam, cujos interesses e desejos são os mesmos que os nossos. O processo de aprender, ensinar, trocar e evoluir como ser de luz é fundamental.

Por tudo, sou bastante grato a Deus, à Espiritualidade e ao universo. Grato por cada dia que consigo alcançar um pouquinho mais de sabedoria e equilíbrio. Grato por desenvolver meu trabalho com seriedade, humildade e muita luz.

A prosperidade e a abundância podem fazer parte do nosso caminho diário e de nossas vidas, sem nenhum problema. Todo mundo pode ter tudo o que quer, deseja e precisa. Só é preciso ter cuidado com as responsabilidades que isso pode trazer.

Sei que tudo é passageiro nesta vida. Tudo é emprestado para nós. Um dia, não irei mais trabalhar com Moda, não farei mais consultorias e também não estarei mais neste planeta. Mas tenho a total consciência de que fiz a minha parte de alguma forma, mesmo sendo bem pequena. Toda a minha doação de vida e de tempo é que contará, quando eu não estiver mais por aqui. Pelo menos um pouquinho eu consegui fazer e sei que isso contará muito lá na frente ou na próxima vida. Sempre tive uma vida honesta, respeitosa e honrada, e nunca tive nada que possa me desabonar como pessoa ou profissional.

Agora, como ser humano, tenho defeitos como qualquer outro. Só que tento percebê-los e transformá-los em qualidades. Naturalmente, vamos errar muito para podermos acertar um dia. Peço desculpas por não ser perfeito e sei que ainda falta muito.

Saiba que meu trabalho me dá um prazer gigante, com aquela vontade de fazer cada vez melhor e me superar a cada dia.

Trabalho por volta de 16 horas por dia, sempre feliz e disposto.

Quer fazer sucesso e alcançar os seus objetivos de vida, trabalhe e trabalhe muito.

E faça tudo com muito profissionalismo e muita responsabilidade, que não irá se arrepender.

Vá por esse caminho e tenha a certeza que fará uma excelente colheita.

Só através do trabalho digno e correto é possível construir uma vida melhor e feliz a cada dia.

Boa sorte!

SUCESSO: COMO ALCANÇÁ-LO?

Todo mundo sonha e almeja muito atingir o sucesso, mas a maioria das pessoas não sabe como chegar nesta misteriosa e desejada etapa da vida.

E vejo que muitos que conseguem chegar lá dificilmente permanecem no sucesso.

Por que será?

Sem sombra de dúvidas, a coisa mais importante quando se alcança o sucesso na vida é manter a "HUMILDADE".

Esse é um grande valor do ser humano, se não for o maior. E muitos pecam demais nesse item do viver e de ser exemplo de vida.

Tudo em nossa vida é emprestado enquanto durar. Tudo mesmo!

Pode ser a casa, o carro, a conta bancária, os bens materiais, as roupas, as joias e, principalmente, o corpo.

Quando partirmos deste planeta e deixarmos a vida, rumo ao plano espiritual, não poderemos levar nada disso conosco. Só levaremos o que fizermos de bom, as coisas boas que construirmos. Isso sim é sucesso moral adquirido.

Para se chegar ao tão almejado sucesso, é preciso trabalhar muito, ter garra, persistência, coragem, caráter e boa conduta. É necessário ser muito disciplinado, ter senso de colaboração, solucionar os conflitos internos e os da vida, ajudar os demais a chegarem também ao sucesso, saber lidar ou mesmo bloquear a inveja de muitos que nos cercam, e por aí vai...

Acredito que o verdadeiro caminho do sucesso é o seguinte:

» Primeiro lugar – Investir muito em si próprio;
» Segundo lugar – Trabalhar e trabalhar muito, de verdade, todos os dias;
» Terceiro lugar – Chegar ao sucesso que tanto deseja em sua vida;
» Quarto lugar – Ganhar dinheiro, que faz parte do seu merecimento.

Para se chegar ao sucesso, é necessário traçar esse caminho. Para mim, não existe outro!

Muita gente quer fazer o sentido inverso, e pode ter a certeza de que não vai dar certo. O caminho é esse! Quem chegou lá sabe muito bem disso, pois o trilhou corretamente.

Procure ser uma pessoa de valores, em vez de ser alguém que somente acumulou valores durante a vida.

Para se chegar ao sucesso é preciso ter "Sorte e Dedicação".

Apesar de muitos verem dificuldade, acredito que não é difícil adquirir esses dois elementos.

Nem todos têm sorte, mas podem ser muito dedicados!

A sorte de cada indivíduo, na maioria das vezes, está ligada ao que foi plantado lá atrás e àquilo que se está plantando no momento.

Quem planta arroz colhe arroz.

Quem planta feijão colhe feijão.

É impossível plantar arroz e colher feijão.

Consegue entender?

Plantou coisas boas, pode ter a certeza de que fará uma excelente colheita. Isso sim é o que conecta os seres humanos à sorte!

Ser dedicado é primordial na estrada da vida. Claro que é mais fácil nos dedicarmos ao que gostamos de fazer.

Quando amamos o que fazemos, sabemos que seremos completamente dedicados.

Acredite: o dinheiro é sempre uma consequência daquilo que fazemos bem-feito e por amor.

E lembre-se que o dinheiro pode ser o último a chegar, e não o primeiro, como muitos creem.

"Um dos maiores sucessos que o ser humano pode adquirir é ser feliz", acredite nisso!

Crie muitas circunstâncias para conquistar a felicidade e procure ajudar os outros a serem felizes também.

Aprendizado + Reflexão + Aplicação = Sucesso!

E é sempre importante analisar quais são as condições e as possibilidades em nossas vidas, que podem ser coisas bem diferentes.

É preciso ter muita paciência com tudo e com todos. Sabemos que nem Jesus Cristo conseguiu agradar a todos no planeta e ainda, foi crucificado.

É triste ver tanta gente correndo atrás de ilusões.

A estrada pela qual caminha boa parte da humanidade não leva ao sucesso e muitos menos, à felicidade. Não podemos estar nessa trilha errada, concorda?

Está na hora de colocarmos um ponto final nesta mentalidade pobre, de que para um ganhar o outro tem que perder.

Vivemos em um mundo altamente competitivo e totalmente globalizado. Então, temos que ser competentes (e muito!).

Nesta viagem pelo planeta, nossa missão é a de sermos felizes e criar oportunidades para que os outros também sejam.

Hoje em dia é preciso lutar como um leão. E bem sabemos que cada dia é um dia! Muitas vezes, um longo dia.

Tem tanta gente rica agindo de modo mesquinho em relação ao próximo, que é triste de ver.

Todos devem ser respeitados como são. Pense nisso!

As pessoas vivem tão obcecadas por dinheiro, sexo e poder, que esquecem de viver.

Use a sua energia para construir a sua felicidade e chegar ao sucesso que pretende obter.

Nossa vida depende muito das nossas decisões e da capacidade de avaliar o que realmente é importante para nós.

A velocidade para descobrirmos a importância das coisas pelas quais devemos lutar é fundamental.

Aprenda que o sucesso e os bens do outro são do outro. Cada um deve ir em busca daquilo que é do seu merecimento.

Não viva na sombra do sucesso do outro. Lá na frente, isso não valerá a pena.

Além disso, só poderá trazer frustração, e não sucesso.

Ninguém será responsável pelo seu sucesso e suas derrotas, a não ser você mesmo.

Lembre-se que temos direito a tudo nessa vida: ser feliz, trabalhar, fazer sucesso e ganhar dinheiro.

Todos nós, seres humanos, podemos querer qualquer coisa. Mas não basta só querer; deve-se lutar pelo que se quer.

Temos que ser humildes! É preciso ter o antídoto e a esperteza, sem a necessidade de queimar, magoar ou fazer mal a alguém.

Portanto, crie todas as oportunidades e possibilidades para que você consiga chegar ao sucesso que tanto deseja. E quando chegar lá, saiba o que fazer para permanecer nele por um longo tempo.

A vida muda o tempo todo e é necessário fazê-la mudar de forma harmoniosa, correta e com sucesso.

Vamos ser bons, fazer o bem, plantar e colher coisas boas e ter muito sucesso de vida, hoje e sempre.

Desejo-lhe todo o sucesso do mundo!

O QUE ESTOU APRENDENDO COM A VIDA

Como já disse no texto anterior e percebi há muito tempo, viver é uma tarefa que não é fácil para ninguém, mas não impossível.

Apesar de ser maravilhoso estar aqui e viver esse momento, poder crescer como ser, aprender todo dia, trocar experiências com tudo e sobre tudo, amadurecer, perceber os detalhes de cada coisa, evoluir e tantas outras coisas que são necessárias, sabemos que cada dia precisamos mais e mais, e isso requer muito de cada um de nós. Temos que ter foco e ser firmes o tempo todo.

Já entendemos que falta muito para chegarmos lá. E que precisamos nos espiritualizar, estar cada dia melhores (em primeiro lugar, com a gente mesmo), percorrer o caminho do bem, ter consciência do nosso ser de luz, passar pelas tempestades da vida e vencer, saborear o que é bom para nós e com limites, perdoar a quem nos magoou/ofendeu e estar preparados para os novos desafios diários. Isso é viver profunda e dignamente.

A cada minuto, temos que ter força (e muita!) para vencermos. Só conseguiremos isso se tivermos o DEUS todo-poderoso dentro de nós e trilharmos o caminho do bem, esforçando-nos para sermos melhores a cada dia.

TEMOS QUE APRENDER O SEGUINTE:
Tudo tem o seu momento na vida.

Precisamos treinar e saber esperar a hora certa para as coisas acontecerem.

Tudo sempre irá acontecer no seu momento, e se tentarmos mudar o momento, teremos problemas lá na frente.

Esta é a arte de esperar e que não é fácil entender.

Demorei muito para saber esperar, compreender e aprender muitos detalhes da vida.

Outra coisa que analiso é que quando duas pessoas se amam de verdade e estão juntas, estão por algum motivo ou por vários motivos da vida.

O mais importante deles é o que será construído no processo do amor, tanto para o casal, para o planeta e para o universo. Isso contará na união.

O universo sabe que duas pessoas somam e muito na construção e colaboração de coisas belas e boas.

Aprenda o seguinte, que é dando que se recebe.

Temos que doar algo ao próximo, sempre.

Sabe aquela coisa do dízimo? É verdadeiro!

O ideal é repartirmos com o universo tudo o que recebemos. Tudo mesmo!

Nunca podemos usar alguém, em nenhuma circunstância, durante a nossa passagem pelo planeta.

Aí está um dos maiores erros do ser humano.

Apesar de vivermos em um palco de oportunismo, precisamos tomar muito cuidado. Tirar proveito do outro é algo bastante negativo e quem faz isso poderá se comprometer com o seu destino e com as suas existências.

Tudo o que tiramos do lugar ou do outro deverá retornar ao lugar e para as mãos do outro.

Pode demorar o tempo que for, mas voltará ao seu devido lugar. Isso é justiça!

O ideal é tirarmos os "PORQUÊS" da nossa vida.

POR QUE isso? POR QUE aquilo? POR QUE tudo mais?

Elimine esse questionamento de uma vez por todas.

Substitua por "PARA".

PARA eu ser feliz, preciso estar bem comigo mesmo.

PARA eu ser rico, preciso acordar cedo e trabalhar muito.

PARA eu ser bom, preciso praticar o bem... e por aí vai.

Compreende a diferença das palavras?

Faça esse exercício e depois analise como sua vida mudou.

Faço esse treino diariamente.

Não podemos estar preocupados com o que os outros fazem ou têm.

Cada um sempre terá o que merece ter e o que fizer por merecer.

O que é do outro é do outro e não pertence a nós.

Esse pensamento é divino.

Somente DEUS pertence a todos nós e nós pertencemos a ele!

Temos que criar o hábito de nos observarmos e vermos o que se passa dentro e fora da gente.

Muitas coisas acontecem a todo momento em nossa volta. Vamos treinar?

Jogue fora o orgulho e o egoísmo. Isso não deve pertencer a ninguém.

Sabemos que não é fácil, mas precisamos melhorar a cada dia.

Vamos trabalhar e exercitar a nossa humildade, sempre. A HUMILDADE é um grande tesouro do ser humano.

Temos que agradecer e agradecer todos os dias, por tudo o que acontece para todos nós. Sendo bom ou não, é importante agradecer.

Evite entrar na energia negativa das pessoas. Isso é prejudicial à nossa saúde e ao nosso ser.

E sem essa de querer disputar algo com as outras pessoas. Qualquer disputa é desnecessária ao convívio do ser humano. Cada um é único no mundo e, também, o que constrói para si próprio.

Todo mundo está sujeito a errar, inclusive consigo mesmo. Então, praticar o perdão e o autoperdão é fundamental!

Pedir perdão ao outro, quando sabemos que erramos, é algo divino. Vamos praticar essa palavra mágica e misteriosa?

Saber ouvir o "não" e entendê-lo é essencial.

O "não" sempre vai doer e corroer a gente por dentro.

Esse entendimento depende de cada um de nós.

Ser rejeitado não é nada bom. Dói e corrói!

Agora, rejeitar alguém mostra o caráter negativo da pessoa.

Temos que pensar muito nisso.

Ser desleal e trapacear nos negócios não é bom para nenhum ser, pois demonstra uma personalidade negativa.

O universo sempre cobrará de nós uma conduta correta e honesta.

Temos que aprender que a vida passa rápido demais e precisamos ter pressa.

Há algum tempo, percebi que coisas boas só acontecem para pessoas boas. E agora, mais do que nunca, eu vejo isso.

Mas ser bom e fazer o bem são coisas completamente diferentes.

Exercício diário, não é mesmo?

Demorei tanto para aprender que temos dois ouvidos e somente uma boca.

Nem preciso dizer qual usamos menos, né?

A opinião e a razão do outro devem ser respeitadas e ter importância para nós.

Temos que entender que o mundo não gira em torno da gente. Nós é que giramos em torno do mundo.

Pense nisso!

Não somos os melhores e nunca seremos.

Mesmo tendo poder, dinheiro e sendo bons no que fazemos como pessoas e como profissionais, nunca seremos os melhores.

Podemos e devemos FAZER o melhor, para nós, para as pessoas e para o planeta.

Independentemente de qualquer coisa, precisamos girar em torno do mundo e perceber tudo e todos.

A responsabilidade pelas nossas ações será nossa e unicamente nossa.

Tudo o que emitirmos para o universo, ele devolverá para nós.

Tenha certeza disso! É o efeito bumerangue da vida.

Vejo que o mundo está louco e muitos estão enlouquecendo junto com ele. Cabe a nós entrarmos nessa energia ou não.

Também sabemos que uma faca é e sempre será uma faca, mas ela serve tanto para passar manteiga no pão, quanto para matar alguém. Vai da consciência de cada um de nós.

Tem muitas pessoas boas e do bem no planeta. Precisamos encontrá-las e nos conectar a esses seres de luz, agora e sempre.

Não podemos mais jogar as oportunidades fora. Coisas boas batem em nossas portas sempre e, muitas vezes, nem conseguimos ver.

Temos que estar atentos. Em diversos momentos, as coisas que deveriam ser nossas passam pelos vãos dos dedos e não conseguimos segurar, e isso acontece por vários motivos.

O ideal é nunca reclamar de nada. Reclamou, DEUS tira.

Se acontece algo que não está sendo bom para nós, é a colheita de alguma coisa plantada lá atrás. Tenha certeza disso.

Então, não reclame ou se vitimize.

É preciso ter persistência e garra todos os dias para chegar aonde se quer.

A vida não é fácil para ninguém.

Os verdadeiros vencedores estão sempre vibrando na vitória e fazem um trabalho árduo para chegar aonde almejam.

O ideal é sabermos aguardar o que é nosso e, claro, lutar pelo que se quer.

E diga sempre para si próprio: "Eu só quero para mim, o que é meu por direito divino".

Temos que selecionar aqueles que iremos permitir que entrem em nossas vidas.

Lembrando que a permissão é nossa e a responsabilidade também.

Tem gente que adentrará em nossas vidas para se aproveitar de tudo e sugar a nossa energia. Portanto, todo cuidado é pouco.

Uma vez que a porta esteja aberta, essa pessoa se sentirá em casa e dona do pedaço. Reflita!

Nada como estar em paz e poder deitar a cabeça no travesseiro com a consciência limpa e tranquila.

Isso não tem preço e é tão bom.

Vejo que a maior beleza do ser humano está dentro dele.

E é essa – a do interior – que precisamos notar nos outros e deixar que notem em nós, com os olhos da alma.

Para se viver uma vida boa e honrada, é necessária uma grande conexão com o seu ser, com o Criador e com o universo.

É sempre melhor dar do que receber.

Por mais que um dia possamos pensar que talvez não valeu a pena ter dado algo a alguém, ainda assim, é melhor dar.

O que o outro fará com o que recebeu não é um problema nosso. Acredite!

A ingratidão sempre irá nos ferir de alguma forma. Cabe a nós aprendermos a viver perante ela e a seguir em frente, com a mentalidade de missão cumprida.

Lembre-se que idade, riqueza, saúde, prosperidade, beleza, entre tantas outras coisas, nascem da nossa cabeça e estão em nossa mente.

Mente sadia, corpo sadio.

Analise o que está no fundo da sua mente e verá como está sendo a sua vida.

A vida é feita de desafios e essa situação sempre será diária.

Cada dia é um dia e precisamos sair do planeta como grandes vencedores e quem sabe, como seres iluminados.

Portanto, temos que vencer a cada dia e cada situação.

Fé, Força e Coragem!

Muitas vezes, não devemos levar em conta o que os outros pensam a nosso respeito.

Cada um é livre para pensar o que quiser.

O que conta é como o universo nos vê. Ele sempre saberá quem é bom e está no propósito do bem.

Então, vamos fazer o nosso melhor, dar o nosso melhor e melhorar a cada dia.

Vamos nos esforçar para sermos bons como pessoas.

Vamos vibrar no bem e praticar o bem.

Vamos ser justos, gratos e humildes.

Vamos nos cercar de pessoas boas e ajudar o próximo.

Vamos nos conectar a Deus e ao universo.

Vamos ser felizes e criar oportunidades, para ser feliz também quem está ao nosso redor.

Vamos perdoar e ser perdoados.

Vamos vencer todos os obstáculos da vida.

Vamos viver esse dia como se fosse o último.

Vamos amar e ser amados de verdade.

Vamos em direção da LUZ, agora e sempre.

VALORES HUMANOS

Quais são os verdadeiros valores do ser humano?
Pode acreditar que são inúmeros!
Pena que muitos não conseguem, enquanto vivos, mostrar ou demonstrar vários deles para o mundo e para as pessoas.

Mas todos nós, seres humanos, temos muitos valores dentro da gente.

É aquela história: não adianta ter o prato mais caro do mundo e não ter nada de comida dentro dele. O valor, na maioria das vezes, está dentro das coisas e dos seres.

A beleza interna é e sempre será a mais importante. Acredite!

O ideal é ser como a laranja, que é bela por fora e saborosa por dentro.

Então, saber o que somos e o que temos por dentro poderá ser muito valioso no decorrer de nossas vidas.

Vamos começar a deixar de nos olhar somente por fora e começar a nos ver e nos observar internamente.

Cada um de nós tem vida e, de fato, temos muita vida!

Não podemos ser como um manequim de vitrine, que possui uma roupa supercara sobre ele, mas sem vida alguma por dentro.

Temos que conseguir ver a nossa realidade e, também, a realidade do mundo, que muitas vezes poderá ser bastante conflitante.

Ainda não existe nenhum fenômeno ou aparelho que consiga medir o que nós somos. Cada um é um e ponto final.

E o valor da vida?

De nada adianta a beleza física e os bens materiais adquiridos.

E que valor a nossa vida tem?

Temos que valorizá-la e cuidar muito bem dela, deixando de lado a vida dos outros.

Não podemos ser qualquer um. Temos que ser nós mesmos e de verdade!

Não podemos buscar só fama e dinheiro. Isso nem sempre trará a felicidade desejada.

Mas sim, precisamos buscar alegria, bem-estar, compreensão, honestidade, sinceridade, esperança, fé e amor.

Os valores estão dentro de nós. Precisamos nos conhecer mais a cada dia e mostrar porque estamos neste planeta.

Os valores materiais são importantes, mas não são os mais relevantes em nossas vidas.

Quando deixarmos esta vida, não levaremos nada do que foi acumulado durante a existência. Só levaremos o que fizermos durante a vida. Então, pense muito bem a respeito desta existência, que poderá ser transformadora, se você assim quiser.

O valor deve ser o nosso, como ser humano, e não daqueles bens que temos acumulados e guardados. O carro, a roupa, a casa e o dinheiro são importantes, mas não podem chegar antes de nós, em nenhum lugar aonde formos.

É preciso dar valor às nossas origens e à nossa família.

Procure desenvolver o amor, que deve ser como a música: afinando os ouvidos e estimulando o coração.

Temos que usar a nossa liberdade, que é um grande valor, para amar, buscar a felicidade e fazer o bem e as coisas boas.

Temos que ter comunicação com o mundo. Devemos ser comunicativos, simpáticos, humildes e procurar agradar sempre. Se não conseguirmos, tentamos novamente.

A humildade é um dos maiores valores do ser humano.

Saber se equilibrar, se conduzir e se controlar interiormente é primordial a cada ser humano.

Para sermos felizes, não podemos ser fechados.

Temos que nos abrir ao mundo e às pessoas.

É como um botão de flor, que não terá a mesma beleza antes de se abrir e revelar toda a flor e o perfume que nela existe.

A cada dia, passa a ser mais importante ter solidariedade.

É preciso buscar cultura e muita informação, principalmente sobre as coisas boas que acontecem todos os dias no planeta.

Um dos maiores sucessos de cada ser é valorizar a si próprio. Só assim é possível estar bonito, alegre e vivo.

E não é a roupa de marca; temos que ter a nossa grife. Aquela que deve ser única, diferente e superespecial, como cada um deve ser.

Hoje, mais do que nunca, é preciso ter respeito, ser honesto, ter disciplina, personalidade e caráter. Isso define o ser como um todo.

Não adianta postarmos um envelope vazio para alguém, sem uma carta dentro. Compreende?

O que vale é sempre o que está por dentro.

Temos que entender e aceitar que o nosso corpo vai envelhecer e se acabar um dia. Queiramos ou não, isso vai acontecer.

Uma vez, ouvi algo e nunca esqueci: "Eu sou um aprendiz".

Isso define o que somos nessa vida, "Aprendizes do Viver".

Tudo isso prova que precisamos ser nós mesmos. E melhores a cada dia!

E você, se aceita como é?

A primeira coisa do valor é aceitar como somos.

O valor é o que ficará após a nossa passagem pelo planeta.

Precisamos ter dignidade para viver a cada dia. Quando isso acaba, muda tudo em nossas vidas.

Saber a hora certas das coisas, para que elas aconteçam, é primordial. A paciência é um teste diário!

Tudo na vida tem o seu momento e precisamos respeitar sempre isso.

Tudo passa e sempre passará, até mesmo a vida. Até a uva passa, não é?

A principal beleza sempre virá de dentro de nós, do nosso íntimo e do fundo da nossa alma.

Se você não for nada por dentro, nunca mostrará algo a ninguém, nem com a roupa mais cara do mundo.

Sem apoio da família, sem caráter e sem personalidade, o sucesso de cada ser pode até chegar, mas irá se acabar.

A segurança faz e sempre fará diferença para o ser humano. Então, esteja e seja seguro.

Temos que ter raça, personalidade e muito valor.

Não podemos mostrar que somos mais do que alguém.

Somos todos iguais, cada um com sua condição e possibilidade.

A educação é uma grande marca do ser humano.

Temos que ser simples, disciplinados e simpáticos com todos.

Devemos trabalhar as nossas qualidades. Do contrário, seremos ninguém.

Temos que ser pessoas humanas e de preferência, nos envolver em causas sociais.

A profissão é uma parte de nossas vidas, mas não é tudo.

É preciso desenvolver os amores da vida:
- » Amar a Deus.
- » Amar a si próprio.
- » Amar as pessoas.
- » Amar a natureza (beleza do mundo).

Assim, conseguiremos ser como um perfume, que é sentido. E isso poderá ser meio caminho andado na direção dos nossos valores e de uma vida boa e honrada.

E o valor dos valores?

É o valor espiritual, e que não é religioso!

Deus é a beleza.

De Deus, vem todas as belezas.

Sem Deus, não valemos nada.

Sem Deus, não temos onde nos apoiar.

Sem o valor espiritual, somos apenas "EU" e desta forma, seremos um conjunto vazio.

Quem tem DEUS tem tudo.

E quem não tem, não tem nada.

De Deus vem todos os valores, então, jamais se esqueça Dele.

A beleza vem da simplicidade.

A elegância vem da simplicidade.

É preciso saber viver. Hoje, mais do que nunca.

E de preferência, viver bem e procurar mostrar os nossos valores para a vida e para todos que estão em nossa volta.

Chegou a hora de mostrarmos os nossos valores para o mundo.

Boa sorte!

SONHANDO ACORDADO

Não sou de falar das minhas ações sociais, mas vale lembrar dessa, que mudou muitas coisas na minha forma de pensar, e pode ter a certeza que é uma grande história para refletirmos mais sobre a vida.

Sem dúvida, foi uma das maiores e melhores ações que fiz em toda a minha vida pessoal e profissional.

Em janeiro de 2015 fui chamado, às pressas, para uma reunião no hospital do Gacc de São José dos Campos, cujo trabalho sempre teve minha enorme admiração. Tudo lá é feito com muito carinho, amor, atenção, respeito ao ser humano e total profissionalismo.

Lá, a equipe me contou sobre o projeto lançado internamente pelo hospital, chamado "SONHANDO ACORDADO", em que cada paciente relatava o seu sonho através de uma carta.

Nesse caso, tratava-se do sonho da paciente Tainá, então com 19 anos, que lutava contra o câncer havia dois anos.

O sonho da vida dela era ser modelo fotográfico ou de passarela.

Então, pediram-me para fazer um ensaio fotográfico da paciente e aspirante a modelo...

Claro que fiquei comovido e, na mesma hora, disse que falaria com os meus parceiros e fornecedores para fazermos muito mais que algumas fotos.

Chegamos à conclusão que faríamos um "Dia de Modelo" para a Tainá.

Contatei todos os que poderiam nos ajudar de alguma forma e as respostas positivas foram automáticas.

Marquei um dia para conhecer a futura modelo lá no hospital. Vi uma menina linda, alta, sorridente e com tudo o que a profissão pede, além daquele grande sonho que ela carregava.

Quando a Tainá foi ao meu encontro, mesmo após uma sessão de quimioterapia, ela estava bem, feliz, maquiada e toda arrumada.

Contaram-me que ela tinha até almoçado naquele dia, após o procedimento do tratamento.

E ela mesma disse que estava muito ansiosa para me conhecer e que era um momento muito aguardado por ela. Isso me cativou ainda mais!

Fiquei encantado... comecei a trabalhar no projeto e a envolver as pessoas certas.

Foi uma luta para conseguir uma data e adequar as agendas de todos os envolvidos, mediante a loucura de trabalhos de início de ano.

Mudei uma viagem de negócios para o Nordeste e tocamos o barco.

Mas tudo caminhava e todos podiam em uma única data.

Em duas semanas, montamos um grande evento e chegou o grande dia: 2 de fevereiro de 2015.

Hoje, entendo perfeitamente o motivo de ser essa data. Realmente não poderia ser outra!

A Tainá e sua família não sabiam de nada que estávamos preparando. Achavam que seriam feitas somente algumas fotos, para ela tentar ingressar na carreira como modelo.

No dia marcado, todos estavam preparados para fazer cabelo, maquiagem, fotos, vestir a futura modelo, e tudo mais que a Tainá tinha direito.

Bem ali ao lado do set que montamos, estava sendo preparada e montada uma sala de desfile, em um dos corredores do hospital. Ali aconteceria um grande show de moda.

Justo naquela segunda-feira, fomos informados que a Tainá estava debilitada. A mãe me contou que ela tinha passado muito mal durante o final de semana.

Ela tomou os medicamentos e foi para o estúdio, acompanhada todo o tempo por sua médica.

Por isso, com jeitinho e doses de amor e carinho, ela conseguiu fazer um ensaio fotográfico que surpreendeu a todos: fotos lindas!

O que também nos impressionou foi o amor dado por seu namorado, que ajudou em tudo e não saiu um minuto do lado da Tainá.

Depois do ensaio, ela foi descansar no quarto do hospital para, mais tarde, aparecer na passarela, ao lado de modelos profissionais, vários globais e personalidades que levamos ao hospital.

Antes disso, uma supermodelo brasileira, internacionalmente consagrada, estava no Brasil e foi ao Gacc especialmente para visitar a Tainá. Ela fazia parte da lista de modelos e celebridades que a jovem mais gostava, revelada a mim no dia do nosso bate-papo.

Fiz um verdadeiro malabarismo, mas consegui levar praticamente todos os que ela admirava no dia do evento. Os que não puderam ir pessoalmente gravaram uma mensagem e o vídeo foi dado de presente a ela e exibido durante o desfile.

Infelizmente, a futura modelo não estava bem às 17 horas e não conseguiu desfilar.

Sua médica disse que ela precisava descansar, e então, começamos o evento, sem a presença dela.

Fizemos uma grande homenagem a ela e à sua família, que estava presente. Suas fotos foram exibidas em um painel de led e todos ficaram encantados com o resultado. As pessoas não acreditavam que as fotos foram feitas naquele mesmo dia.

Ao término do desfile, as celebridades e personalidades foram visitá-la e conhecê-la em seu leito e lhe entregaram muitos presentes. Exatamente uma hora após o evento fomos avisados que Tainá deu o seu último e aliviado suspiro, deixando-nos e retornando ao plano espiritual.

No momento em que soube fiquei paralisado e mal conseguia ficar em pé. Um milhão de coisas passaram pela minha cabeça.

Parece que ela simplesmente aguardava aquele momento para ir em paz e com o sonho realizado.

Toda a luz que colocamos naquele corredor do hospital, que tornou-se uma sala de desfile, emocionando os convidados, foi inteiramente dedicado a ela.

Agradeço de coração o convite do Gacc por essa grande oportunidade e a todos que contribuíram de alguma forma para que a Tainá e outros pacientes, que ali estavam, acreditassem que sonhar é possível... sempre!

O ser humano jamais pode deixar de sonhar. Quando ele deixa de sonhar, deixa de viver!

Esta é a minha mensagem.

E você, querida Tainá, tenho certeza de que está descansando em paz e desfilando muito no plano espiritual, mostrando seu talento para os anjos. Fique bem e com Deus!

Algum tempo depois recebi uma ligação da mãe dela, que informou que a Tainá receberia o nome de uma praça, próximo à casa dela, em São José dos Campos-SP. Fiquei muito feliz!

Às vezes, aparece uma grande oportunidade à nossa frente de poder ajudar alguém, contribuir para a sua felicidade ou na realização de um sonho. Sempre ficará à nossa escolha fazer ou não, de ajudar ou não.

É pegar ou largar!

Precisamos sempre analisar tudo e ouvir o nosso coração, já que ele não erra nunca.

Um pequeno detalhe pode mudar totalmente a vida de alguém. Basta querer fazer e querer ajudar!

E tenha a certeza que podemos fazer o bem sim, temos o poder de juntar as pessoas que querem ajudar e estão no propósito do bem. Tem muitas pessoas boas por aí que nem imaginamos.

Acredite, o mundo não está perdido, como muitas pessoas falam, pensam ou imaginam.

Lembro que foi uma loucura conseguir mudar a minha agenda naquele momento, juntar todas as pessoas e com a responsabilidade de fazer algo mágico, contagiante, emocionante, importante e significativo. Ninguém sabia, mas tinha que ter sido naquela data, para a Tainá poder ir em paz, feliz e realizada.

Conseguimos, e espero que ela tenha ficado feliz.

Tenho uma visão bem clara da vida e da morte. Mas confesso que fiquei mal durante uma semana, sem conseguir dormir, comer e trabalhar direito. Porém, ao mesmo tempo, estava realizado por poder proporcionar algo que era um grande sonho e foi realizado na data que Deus tinha escolhido.

Até hoje, quando escrevo sobre isso, as lágrimas rolam pela minha face.

Adoraria ter feito da Tainá uma grande modelo como realizei o sonho de centenas de jovens. Mas o Criador quis assim e assim foi!

Isso serve para refletirmos sobre a vida e, também, para percebermos que precisamos nos tornar pessoas melhores a cada dia e cada vez mais, e sempre estarmos empenhados no bem. E também deixar de reclamar da vida e de todas as coisas que existem nela.

Vamos fazer a diferença em nossas vidas e na vida das pessoas a partir de hoje?

Vale pensar!

O QUE É DEUS

Em meu pequeno entendimento, na minha ignorância, na pouca sabedoria acumulada nas existências que já vivi e em minhas reflexões diárias, posso dizer que Deus é tudo. Ele é muito mais do que pensamos, sabemos e imaginamos. Ele é onipotente, onipresente, onisciente.

Deus realmente é tudo, a melhor coisa existente em todo o universo.

Quem tem Deus tem tudo; quem não O tem, não tem nada.

Para mim, Deus não é um rei sentado em um trono ou um velhinho de cabelo branco, com barba longa e branca, que fica fazendo julgamentos.

Apesar Dele ser muito justo, sua justiça sempre nos dá a oportunidade de errar e acertar milhões de vezes. Deus é energia pura. Deus é amor.

Deus é o grande comandante de todo o universo. Ele está em tudo e em todos nós.

Quando oramos, queremos olhar para o céu e erguer as mãos em direção a Ele. Em minhas orações, prefiro fechar os olhos e enxergar-me por dentro. Assim, consigo sentir um pouco de Deus, o que é importante para eu me achar, me conhecer melhor, me amar mais, sentir o meu potencial, me perceber como um ser na busca da evolução moral e intelectual e, desta forma, sentir o Deus todo-poderoso que habita dentro de mim.

Já que tudo o que é belo e bom vem de Deus, como é gratificante ver a principal beleza que está dentro da gente, e que vai de encontro ao nosso Deus, que tudo é e tudo pode.

Deus quer que cada um de nós seja feliz, próspero, abundante e que tenha todas as riquezas necessárias para a sobrevivência na Terra. Deus sempre nos mostra o caminho para os sucessos pessoais, profissionais, emocionais, sentimentais, financeiros, os processos de evolução de cada ser e muito mais.

A presença de Deus nos fortalece, como seres na busca do processo evolutivo.

Quem duvida desta energia maravilhosa – chamada de Deus – deve olhar as coisas boas e belas da vida, do planeta e do universo. Com isso, dificilmente continuará a duvidar Dele.

Com Deus, tudo podemos e com certeza chegaremos onde pretendemos. Com Deus, não há desvio no caminho e perda de tempo: a chegada ao sucesso é mais que certa!

Da nossa parte, claro que precisamos ser bons, plantar coisas boas, fazer o bem e ser do bem. Não devemos nos deixar poluir pela maldade da minoria de pessoas maldosas que há neste planeta, nem podemos nos conectar a pensamentos ruins.

Devemos cuidar do nosso plantio diário para termos uma colheita rica e cheia de amor.

Quando precisar de ajuda, estiver necessitado, aflito ou desequilibrado, peça auxílio a Deus. Se for verdadeiro e vier do fundo do coração, pode ter certeza que você receberá a merecida ajuda, vinda de onde menos se espera. Deus opera de várias formas.

Naquele momento triste, escuro, de dor, sem ter para onde correr e a quem pedir ajuda, fale com Deus, com esse Deus que está dentro de você. Ele nos ajudará a chegar tão rápido aonde queremos, como jamais poderíamos imaginar.

Em Deus, tudo posso. Em Deus, realmente posso!

Deus é luz e luz pura. Aquela luz que sempre iluminará a nossa caminhada, nossa alma, nosso ser e nossa vida.

Se precisarmos evoluir moral e intelectualmente, precisaremos ir com Deus.

Se estivermos com propósitos e objetivos de crescer como seres humanos ou seres encarnados, teremos que ter Deus dentro da gente, sempre.

A meditação, além de ser um encontro consigo mesmo, deve ser uma visita a Deus.

Com Deus, com certeza chegaremos onde queremos.

Em momentos de desespero, é certo que virá a pergunta: "Onde está Deus?"

Acredito na seguinte resposta: "Deus está dentro de cada um de nós!"

Para mim, Deus é maravilhoso.

Criei o hábito do agradecimento diário. Agradeço por tudo, seja bom ou ruim. Na realidade, tenho mais para agradecer do que para pedir.

Tenho uma vida linda, boa, honesta, honrada e abençoada. Deus me ajuda, me ajudou e me proporciona tudo o que preciso para ser feliz e próspero.

Com um detalhe: sempre acordando cedo, trabalhando muito e buscando o que quero e preciso para ser feliz. Deus não traz nada de mão beijada para ninguém. Ele auxilia, dá força, garra e saúde em nossa eterna busca.

Por tudo isso, sou eternamente grato a Deus.

Creio que esta energia poderosa – chamada de Deus – preocupa-se e muito com aqueles que ainda são preguiçosos, mesquinhos, orgulhosos, egoístas, sem caráter, sem personalidade, sem objetivo de vida, sem humildade e tantas outras coisas.

Deus gosta de todos os seus filhos e como pai maior, prefere os guerreiros, os do bem, os que têm força e muita garra.

Tudo que temos de bom em nosso interior vem de Deus.

Quando pensamos que todos os caminhos do bem nos levam ao Pai, estamos afirmando o Deus todo-poderoso que está dentro de nós, guiando-nos.

Quando desejamos o bem a alguém, desejamos Deus para o nosso próximo e para nós. Na realidade, o próximo é a ponte que nos liga a Deus.

Quando oramos para alguém, mandamos um pouco de Deus a quem precisa.

Quando passamos a ter um pouquinho de sabedoria, é sinal de que Deus está operando em nossos pensamentos. Isso é muito bom!

Quando trabalhamos com a lei da atração e vibração do universo, Deus trabalha para nos trazer o que queremos e da forma que precisamos.

Vale lembrar que Deus está no comando sempre. Ele é o piloto da nossa nave chamada vida.

Se o rio fosse raso, com certeza ninguém se afogaria.

Portanto, acredito que:

O amor vem de Deus.

A alegria vem de Deus.

A beleza vem de Deus.

A vitória vem de Deus.

O equilíbrio vem de Deus.

O sucesso vem de Deus.

A prosperidade vem de Deus.

Mas a experiência de vida e a evolução do ser vêm de cada um de nós.

O ditado diz que "não somos nada sozinhos". Realmente! A certeza de que um precisa do outro é Deus operando em nós como seres coletivos e universais, apesar de sermos seres individuais no processo evolutivo.

Sabe aquele mantra poderoso?

"Eu sou luz, eu sou amor, eu sou Deus".

Use sem moderação!

Realmente somos seres iluminados, com Deus atuando dentro de nós o tempo todo.

Estamos, agora e sempre, no processo de autoconhecimento.

O QUE É DEUS - **43**

    Caso você ainda não tenha descoberto o seu Deus, o nosso Deus, o Deus maior, o Deus justo e verdadeiro, sugiro que faça isso o quanto antes. Tenho a certeza de que não se arrependerá.

    Eu já encontrei o meu Deus e garanto que é tudo de bom!

O QUE É A VIDA

Minha vida, sua vida ou nossas vidas... não importa, praticamente todas são mais ou menos iguais. Cada uma no seu processo de aprendizado, aceitemos ou não.

E qual o propósito da vida?

Evoluirmos moral e intelectualmente!

É fácil?

Claro que não!

Porque cada dia é um dia.

Um dia estamos bem, outro não.

Um dia feliz, outro não.

Um dia com vontades, outro não.

E por aí vai...

Coisas tão fáceis passam a ser tão difíceis. E coisas difíceis se tornam fáceis quando queremos.

E a loucura de cada dia?

Essa sim, não tem fim.

Amamos e odiamos.

Temos calor e frio.

Temos desejos e medos.

Somos felizes e infelizes.

A saudade é sempre algo que nos afeta.

Saudade de quem gostamos e que, por algum motivo, está longe. Saudade de quem partiu dessa vida. Saudade dos lugares que já passamos, da família, dos amigos e das pessoas com quem perdemos o contato.

E o tempo?

Esse sim, nunca volta.

Quantas coisas deixamos de viver, ter e experimentar? Muitas!

Valeu a pena? Não tem como saber!

Entre tantas outras coisas: os desejos, as vontades, o que perdemos, os amores que se foram, o que passou pelas nossas mãos e não conseguimos segurar, o que deixou de ser nosso por vários motivos, o medo de ser feliz, a preocupação com o que os outros pensam ao nosso respeito, e por aí vai.

Quem somos nós nessas confusões loucas da vida? Realmente não sabemos.

Pra onde estamos indo? Isso deveríamos saber, porém nem sempre sabemos.

Queremos ter fama, prestígio e posses sempre. Pra quê? Também nem sempre sabemos.

É uma confusão generalizada em nossas cabeças e uma tremenda insatisfação com as nossas vidas.

Se está calor, reclamamos. Se está frio, idem. Se não chove, "por que não chove?". Se chove, "cadê o sol?".

Sinceramente, o ser humano não é normal. Nada normal, não é mesmo?

Corremos atrás de desilusões o tempo todo e deixamos passar as coisas verdadeiras entre os vãos dos nossos dedos.

Somos tão insatisfeitos.

Os nossos medos são gigantes e damos tanta importância a eles.

O nosso foco deveria ser o amor sempre. Amor por Deus, pela vida, pela família e por quem queremos ter por perto.

Na realidade, a vida é fácil de ser vivida, somos nós mesmos que colocamos os obstáculos diários e perigosos para nós mesmos. Por quê? Vai saber. Gostamos sempre de complicar tudo.

A disciplina precisa ser a base da nossa vida.

O agradecimento pela vida e por tudo o que o universo nos traz de mãos beijadas, deveria ser uma das partes mais importantes da nossa existência.

Acreditar? Tem que ser algo mágico todos os segundos dessa vida.

Amar? Isso deve estar presente em cada um de nós. Claro que amar sem querer nada em troca e aprender que ninguém é de ninguém, é muito difícil para todos nós, nessa vida louca e misteriosa.

De qualquer forma, temos a difícil tarefa de aprender a viver de verdade, aprender a nos conhecer e conhecer aos outros, aprender a nos relacionarmos como irmãos e não como indivíduos desconhecidos, aprender a aceitar os defeitos dos outros, aprender com os nossos erros, escutar quem está próximo e quer o nosso bem, aprender a valorizar as coisas e os seres, aprender a ajudar a quem nos pede ajuda, aprender a respeitar os limites de cada um e os nossos também. E o mais importante, aprender que cada um é único, vive no seu processo de evolução, e que nem todos os seres são iguais e estão na mesma sintonia. Aprender que as pessoas têm vontades e desejos diferentes, aprender que cada um ama da sua forma, que cada um vive no seu mundo, aprender a respeitar tudo e todos.

São tantas coisas para aprender, que precisamos de muitas e muitas vidas para completar todas as lições. Cansa só de pensar.

O maior estímulo é saber que chegaremos lá, chegaremos num lugar de luz e de coisas lindas, de corações limpos e transparentes, de pessoas sem máscaras, de paz e de amores verdadeiros.

Portanto, temos que continuar a caminhada, felizes e sem reclamações.

E agradecer por tudo e, principalmente, por estar nessa vida por merecimento e decisão de cada um de nós.

Então, vamos viver de verdade e aproveitar a vida e tudo o que ela está nos proporcionando a cada instante.

Vamos nos libertar, vivermos felizes e de verdade.

Que cada um de nós tenha uma vida boa e honrada.

Então vamos viver bem, muito bem!

A VIDA COBRA

No decorrer de cada existência, é necessário perceber e entender as coisas e os mistérios da vida. E, claro, compreender a importância de estar aqui, de viver bem, de ser útil aos demais, de viver com dignidade e ter muita responsabilidade pelas nossas ações, pela nossa conduta no mundo e com a nossa preciosa vida.

E, principalmente, é importante sacar que a vida cobrará de nós por tudo o que fizermos de ruim, querendo ou não.

Sabemos que demoramos muito tempo para enxergar e entender tantas coisas durante a vida.

Muitas vezes, perdemos tempo e tamanhas oportunidades em nosso viver. O que passou, passou, e poderá não voltar mais para as nossas mãos. O arrependimento é o último sentimento a chegar e o mais doloroso também.

É possível que a gente se distraia e deixe de crescer da forma que planejamos e almejamos.

Cada um de nós tem a sua programação de vida e o ideal é que ela seja cumprida da melhor forma possível. Realmente não é fácil e sabemos disso.

Perderemos chances e chances durante a nossa existência neste planeta. E isso é uma grande pena!

Deixaremos ir o que deveria ser nosso por direito divino e poderemos ficar com coisas que um dia vamos perceber que não valeram a pena. Mas a vida é feita de escolhas, não é mesmo?

Cada um escolhe e vive o que acha ser melhor para si mesmo. Mas, na realidade, a forma que escolhemos viver é nossa decisão e nada poderá ferir o nosso livre-arbítrio.

Cada um de nós sempre irá colher o que plantar. Essa lei não falha nunca!

Durante a vida, poderemos causar dor a quem amamos e, principalmente, a quem nos ama de verdade.

Muitas vezes nos limitamos a um mundinho tão pequeno, que mal conseguimos ver e perceber tantas coisas que estão rolando pelo mundo ou até mesmo, acontecendo em nossa volta. Acabamos sendo maus com a gente mesmo e com tantas outras pessoas. Por que será?

O ideal é criar o hábito de se observar diariamente. E, também, de se conhecer internamente. O mais importante é se amar de verdade!

Muitas vezes seremos egoístas, orgulhosos e mesquinhos. Todo cuidado é pouco.

Por vários motivos, deixamos de usar a humildade. É claro que isso não é nada bom. Ser humilde é uma grande virtude, uma qualidade ímpar, além de ser divino. Precisamos entender isso de uma vez por todas!

Colocamos as nossas máscaras durante a vida e mal percebemos que elas vão caindo com tempo. Ninguém conseguirá esconder o que é e como é pela vida toda.

No decorrer da vida, é possível que em algum momento a gente se perca e saia fora do caminho planejado. A hora que percebermos essa situação – que nunca será favorável a nenhum ser – é preciso voltar ao caminho imediatamente.

Algumas ou muitas vezes, achamos que somos melhores que os demais. Esse pensamento é inútil e não vale a pena, pois, na realidade, não somos nada perante a imensidão do universo. Somos um grão de areia no deserto.

Várias pessoas são oportunistas e aproveitadoras. Temos que ficar longe delas para não sofrermos mais tarde.

Podemos nos desequilibrar em vários momentos do viver. Temos que voltar para o eixo o tempo todo. E se for o caso, buscar ajuda com um terapeuta para estarmos sempre equilibrados.

Perdemos tempo, muito tempo, com coisas e pessoas que não valem e nunca valerão a pena.

Brigamos com as pessoas que nos cercam com ou sem motivo. Isso é desnecessário!

Constantemente, vejo pessoas sendo desumanas, maldosas e cruéis em vários lugares por onde passo. Isso é triste!

O ser humano deixa de lado tantas coisas boas, que devem servir de exemplo para o melhor viver e para a transformação de cada ser.

O que precisamos entender, de uma vez por todas, é que a vida cobra e cobrará tudo de nós.

Ela não deixará passar nada, pode ter certeza disso.

Quando tirarmos algo do lugar, será necessário voltarmos ao lugar. Dure o tempo que for, teremos que voltar.

Sabe aquele ditado que "Deus não dorme nunca"? É mais que verdadeiro!

O universo é justo, acredite.

Perante os olhos de Deus e a justiça magnífica do universo, nada passará despercebido.

E é bom saber que a vida sempre se encarregará de colocar tudo em seu devido lugar.

Por mais que achemos que as coisas estão perdidas e fora do lugar nesse momento, elas não estão. E com certeza voltarão aos seus rumos em breve. Tudo é questão de encaixe e tempo!

O planeta passa por um momento decisivo e transformador e, por esse motivo, às vezes não acreditamos em quase nada.

Mas logo a poeira vai baixar, a tempestade vai acalmar e tudo voltará ao lugar de origem.

Nem tudo é e será ruim para sempre e o tempo todo. E nem pode ser!

Deus quer o melhor para os seus filhos. Só que Ele é mais que justo.

Temos que dar tempo ao tempo para tudo, sempre.

Viver não é uma tarefa fácil para ninguém. Não mesmo!

Ainda estamos engatinhando nesse processo de viver, existir e evoluir como seres pequenos, mas, também, seres de luz e filhos de Deus.

E sabemos que todos nós vamos errar e errar muito, para podermos acertar em algum momento.

O que precisamos é ter uma consciência maior e melhor de tudo e da vida.

Querendo ou não, a vida vai nos cobrar.

Vale a pena pensar e refletir sobre tudo isso.

Ninguém é anjo ou santo nesse mundo.

Mas poderemos ser um dia, se assim quisermos!

No decorrer da existência, tudo o que sujarmos teremos de limpar.

A justiça divina e do universo é feita para todos, ninguém escapará dela.

Somos nós que definimos o lado que queremos estar (bom ou ruim) e, também, o que queremos ser (anjo ou demônio). Já pensou?

Viver, errar, acertar, progredir, regredir, planejar, conquistar, ser bom ou ruim, fazer o bem ou o mal... serão sempre decisões exclusivamente nossas.

Então, vale a pena se conhecer melhor! Como ser de luz, procure pedir perdão e se perdoar, voltar atrás, ser humilde, correto e bom, ser do bem, fazer o bem, fazer as coisas boas e certas, ser tolerante, ter propósito e ser paciente. Procure ser honesto, agradar sempre, ser justo e íntegro, ter caráter, ser espirituoso, feliz, trabalhador, batalhador e tantas outras coisas que bem sabemos.

Conhecer-se como ser de luz é fundamental para cumprir a sua missão e programação de vida no planeta Terra.

A vida, além de nos cobrar, sempre exigirá muito de nós.

Vamos deixar de ser imediatistas agora mesmo e passar a ser realistas.

O despertar da consciência é muito individual e, também, fundamental. E, claro, pertence a cada ser!

É preciso entender que, em sua caminhada, será você com você mesmo. Afinal, somos nós que criamos o trajeto. Nascemos sozinhos e voltaremos ao plano espiritual sozinhos. Então, por que depender tanto dos outros?

Podemos tomar a decisão que quisermos, mas a consequência dela será de nossa responsabilidade.

A vida só muda quando a gente muda.

É preciso entender a lei da "Ação e Reação".

Só evoluímos e nos iluminamos quando queremos.

Agora, errar, isso faremos sempre, até acertarmos um dia.

Vamos deixar o ódio, o rancor e a ira de lado, e vamos caminhar no sentido do bem. O Sol está lá fora esperando para iluminar os nossos caminhos e nos aquecer.

Vamos ser pessoas solidárias.

Vamos nos tornar pessoas melhores a cada dia.

Vamos perdoar e dar a volta por cima.

Vamos amar mais e nos permitir ser amados.

Vamos jogar os medos e as inseguranças fora, agora mesmo.

Vamos nos declarar a quem amamos de verdade e deixar claro o nosso amor.

Vamos criar situações boas e honrosas para sermos seres puros, divinos e felizes a cada dia.

Vamos deixar de reclamar de tudo.

Vamos parar de ser vítimas de tudo também.

Vamos deixar as coisas do passado no passado, onde elas devem ficar. Assim, evitaremos sofrer novamente.

Vamos esquecer que todos têm a obrigação de gostar da gente.

Vamos deixar o desânimo de lado.

Vamos eliminar a preguiça.

Vamos jogar fora as dores.

Vamos eliminar a depressão.

Vamos deixar de ser ansiosos demais.

Vamos ser piedosos e ajudar o próximo.

Vamos ser voluntários de alguma obra social.

Vamos ajudar a mudar o mundo, começando pela mudança em nós e em nossa casa/família.

Vamos deixar o tempo mostrar as verdades da vida e das coisas.

Vamos entender que cada um tem a sua verdade, mesmo que não seja a verdadeira.

Vamos aceitar que cada um tem o que merece.

Vamos seguir em frente e fazer o melhor que pudermos. Dessa forma, não daremos motivo algum para a vida nos cobrar.

Já que agora sabemos e entendemos que a vida nos cobrará por tudo o que fizermos de errado, vamos refletir mais sobre o assunto.

Acredite em você e no seu potencial; acredite na sua força interna e no universo; acredite em Deus e na força/justiça Dele; e, principalmente, acredite que dias melhores estão a caminho.

Quando sabemos o que queremos e precisamos, quando acreditamos em nossa capacidade e onde podemos chegar, tudo se torna diferente, mais fácil, mágico, surpreendente, tranquilo, equilibrado e melhor.

Então, vamos à luta e assim construiremos um lindo castelo para o nosso ser.

EXISTÊNCIA HUMANA

Cada um de nós está seguindo o seu caminho rumo à evolução moral e intelectual.

Para alguns seres humanos, o trajeto será mais leve. Para outros, talvez seja um pouco mais pesado.

Então, vamos respeitar, pois cada pessoa está no seu processo de vida, no seu momento e tem os seus merecimentos de vida.

Precisamos entender que a vida é mágica, divina, transformadora, encantadora, empolgante e pode ser muito prazerosa. Depende unicamente de cada indivíduo.

É preciso ter a consciência de que viajamos em busca de experiências e elas serão primordiais para alcançarmos a luz.

O que não podemos é desistir do nosso caminho, nunca. Sabemos que a viagem é e será longa.

E também teremos muitos encontros durante essa viagem chamada "Existência Humana".

Temos que viver cada tempo e cada momento. Leve o tempo que for para chegarmos ao nosso destino, pode ter certeza que não iremos nos arrepender. Desde que estejamos fazendo as coisas boas e no propósito do bem.

Precisamos compreender que nesse tempo chamado Vida só existe o presente. É o aqui e o agora!

Temos que ter foco, fé e força sempre. Mas, também, não podemos ter pressa ou ansiedade alguma. Desta forma, chegaremos ao nosso destino livres, leves e soltos.

Alguns terão pressa para chegar e outros caminharão no seu tempo. Isso não importa muito! O que conta é que chegaremos lá um dia.

No decorrer da vida, plantaremos e colheremos o tempo todo. Essa é a lei da "Ação e Reação".

E sempre estaremos colocando no lugar as coisas que, por algum motivo, tiramos do lugar no passado. Essa é a Lei do Retorno, que é universal e justa.

A essência do ser humano é algo individual e divino. Nunca ninguém jamais conseguirá roubá-la de nós, sabia disso?

Vamos trabalhar a nossa humildade, porque, do contrário, não seremos ninguém.

Temos que fazer o impossível para nos tornarmos seres puros e, também, para nos transformarmos em seres de luz. Essa é a maior sacada de estarmos nessa viagem.

Temos que criar momentos felizes e prazerosos para a nossa vida.

E, claro, sem esquecer de criar oportunidades para que as pessoas próximas de nós sejam felizes também.

Temos que confiar no DEUS todo-poderoso que está dentro de cada um. E saber que as leis Dele nunca falham.

Apesar de vivermos onde o sistema muitas vezes é errado e poderá não corresponder às nossas expectativas, é necessário respeitar, aceitar e até mesmo criar o nosso sistema de vida. Aquele que acreditamos ser ideal para nós.

Temos que deixar para trás os excessos.

Levar somente o que cabe no coração.

Assim, não nos cansaremos facilmente, nem teremos a sensação de querermos desistir.

Tudo em nossa existência é e será cíclico. Tudo sobe e desce no decorrer da vida. Tudo vai e volta!

É necessário ter muita confiança na vida e em si mesmo, o tempo todo.

Quem confia em si próprio acaba indo longe e chegando feliz ao seu destino.

Temos que estar abertos para o novo, sem preconceitos ou limitações. O mundo é outro e a transformação dele neste momento é gigante.

Tome cuidado com as certezas absolutas. Até porque as nossas verdades não são as verdades das pessoas e do mundo.

O importante é olhar para tudo na vida com aquela visão de criança, de quem está descobrindo as coisas.

Temos que ter a capacidade de nos encantarmos com tudo e o tempo todo.

O ideal seria manter intacta a nossa pureza. Se conseguirmos isso, será incrível.

É importante ser sempre autêntico e, também, verdadeiro consigo mesmo.

Seremos enganados muitas vezes, por algumas pessoas ou até mesmo pela vida. Então, é necessário erguer a cabeça e seguir em frente, sem jamais desanimar. Se formos inocentes, tomaremos muitas rasteiras das pessoas e da vida.

O mundo está cheio de seres infelizes, frustrados, perturbados e perdidos. O ideal é não vibrar ou fazer parte dessa energia e conexão.

No decorrer da vida, encontraremos com pessoas que nos farão de bobos e isso pode ser doloroso, triste e desgastante.

Vamos deixar cada um ser o que ele consegue ser no momento. Sem essa de querer mudar o mundo e, principalmente, as pessoas, mesmo que elas façam parte de nossas vidas. Vamos primeiramente mudar a nós mesmos!

E também sabemos que, no decorrer da vida, terá pessoas nos usando e se aproveitando das coisas boas que podemos oferecer. Acredite que é melhor dar do que receber.

Mas existem pessoas boas e do bem no mundo, iluminadas e com bom propósito. Dependendo da nossa energia/vibração boa e transformadora, podemos aproximar essas pessoas para o nosso caminho. Se conseguirmos isso, será muito bom, pode ter certeza.

Temos que ser muito confiantes. A nossa confiança na vida será um afronto para os covardes.

Nem todo mundo gosta de viver ou vive a vida completamente. Então, podemos dar um grande exemplo de como é viver bem e feliz e ter paz, prosperidade, humildade, dignidade, pureza, autonomia, ser bom-justo-correto-verdadeiro e conseguir ter muitos méritos de vida. Não é mesmo?

Temos que ter consciência eterna, já que o espírito também é eterno.

Entenda que tudo no universo está em movimento. Por isso, jamais podemos ficar parados.

Devemos estar sempre atentos aos nossos pensamentos, pois eles farão a ligação, vibração e conexão com o universo. Ou seja, estaremos sempre atraindo para nós aquilo que estivermos pensando, alimentando e dando forma todos os dias.

Pensou, vibrou, conectou e atraiu!

A vida é uma viagem repleta de experiências. Precisamos e vamos aprender tanto no decorrer das nossas existências, que nem conseguimos imaginar.

Temos toda a eternidade para aprendermos com a gente mesmo, com tudo e com todos, mas principalmente, aquilo que precisamos aprender para nos tornarmos seres de luz.

Respeitar o tempo é muito importante. E, também, entender que o tempo é o agora.

Sem pressa de ter, fazer e conquistar. Tudo virá no tempo certo, querendo ou não.

Vamos fazer dessa viagem uma viagem leve, linda e de grande prazer e aprendizagem.

Estar aqui neste momento, além de ser uma escolha nossa, pode ser uma existência com experiência compensadora e transformadora.

Claro que vai depender e exigir muito de cada um de nós.

Então, vamos fazer o nosso melhor e aproveitar essa grande oportunidade, para sairmos daqui com saldo positivo.

É preciso tomar muito cuidado com a ambição desenfreada e sem controle. Tudo deve ser na dose certa.

É importante ter clareza da vida e das circunstâncias que envolvem o viver.

Cuidado para não cometer o mesmo erro várias vezes.

Procure nunca se fazer de vítima. Isso é desnecessário para a nossa caminhada evolutiva.

Fique longe da depressão, doença que assombra o mundo nesse momento transformador e que, bem sabemos, dá espaço para outras doenças.

Na viagem da vida é necessário levar somente o essencial. Não devemos, nem podemos levar aquilo que não daremos conta de carregar e ficará muito pesado no decorrer da caminhada. Infelizmente, tem coisas que necessitaremos descartar e, lá na frente, entenderemos que foi o melhor a ser feito.

Precisamos compreender que tudo na vida tem e terá o seu tempo, e isso precisa ser respeitado e entendido.

E também que, para tudo na vida, tem um preço a se pagar.

A vida e o universo sempre vão cobrar tudo da gente. É a coisa da ação e reação, da qual jamais escaparemos.

Tudo o que fizermos, de bom ou ruim, receberemos da mesma forma, na mesma moeda.

Desejo que cada um de nós esteja sempre aberto ao novo. Ter o olhar e o coração abertos às coisas novas da vida é primordial.

É fundamental e divino ter gratidão pela vida e por todos aqueles que nos ajudam ou ajudaram de alguma forma.

Sabedoria é algo que encontraremos no decorrer da vida.

É preciso entender, de uma vez por todas, que o eterno compromisso que precisamos ter é com a nossa evolução.

A "Existência Humana" nesse plano é um grande teatro e o maior personagem é cada um de nós. Então vamos viver e sentir isso!

Viver pode ser cada dia melhor.

Viver é maravilhoso!

Vamos viver a vida e aproveitar essa existência da melhor forma possível.

Isso tudo se chama "Existência Humana".

O MUNDO É OUTRO

O Mundo Novo nos força a entender suas mudanças para o bem e, ao mesmo tempo, a presenciar os grandes acontecimentos que são transformadores neste momento.

Particularmente, acredito muito que o mundo está mudando para melhor. Basta pararmos, observarmos e entendermos tudo o que acontece a cada dia e a cada movimento.

Só que, para as coisas serem boas e darem certo, às vezes é necessário que elas sejam um pouquinho ruins antes. Não é mesmo?

Sendo assim, daremos mais valor a tudo na vida. Talvez seja esse o motivo para entendermos um pouco mais da sabedoria divina e das leis que regem o universo.

O grande funil da vida continuará nos empurrando para essa transformação boa e divina do planeta e, principalmente, para algo muito melhor do que vivemos até agora.

Todos os dias presenciamos, vivemos e sabemos de uma coisa nova. Às vezes, boa; outras vezes, não!

É uma pena que, no mundo moderno, ainda exista gente do mal, pessoas que nos assustam e assombram todos os dias. Infelizmente, podemos encontrar indivíduos de mau caráter pelo caminho. Dessas pessoas, devemos manter distância.

Mas acredito firmemente que tem alguém lá em cima, que continua no comando e muito firme e forte nos seus propósitos. Toda nave precisa de um bom piloto. Você pode ter certeza que temos um, e dos bons!

Só que somos nós que permitimos ou não os acontecimentos para a nossa vida. Agora e sempre, temos que ficar atentos às nossas escolhas. Ou melhor: mais do que nunca, precisamos estar atentos a tudo o que se passa dentro e fora da gente.

Saiba que somos nós que damos permissão para qualquer coisa acontecer ou fazer parte de nossas vidas. E pode ser qualquer coisa mesmo, boa ou ruim.

Na realidade, muitas coisas estão acontecendo conosco nesse momento, porque permitimos ou atraímos para nós lá atrás.

Basta fazer uma autoanálise para perceber e entender um pouco melhor as coisas da vida.

É importante sacar o que estamos permitindo para nós mesmos e se for o caso, é preciso mudar o foco e deixar somente as coisas boas fazerem parte de nossas existências.

Se temos um problema hoje, tenha a certeza que ele veio para nos fazer crescer e sermos ainda mais fortes.

Não devemos nos assustar, nem desistir de nada, nunca. Temos que acreditar que logo tudo passará e ficaremos mais fortalecidos e esclarecidos sobre tudo.

O mundo está mudando e para melhor! Para mim, isso é claro e certo. Já embarquei na transformação do planeta há muito tempo.

Por mais que não consigamos perceber muitas coisas ainda, o tempo irá nos mostrar e provar tudo isso, de alguma forma, lá na frente.

Temos que orar, acreditar e ser firmes em nossos propósitos.

É preciso cada vez mais ser bom, ser do bem e fazer o bem sempre.

Vamos nos manter firmes e longe das energias negativas e pesadas que pairam no planeta.

Vamos nos conduzir na direção certa e focar nas coisas boas da vida e do planeta que ainda existem (e são muitas!).

Não podemos deixar a peteca cair.

Temos que ficar longe de tudo que for negativo e, principalmente, das pessoas que nos puxam para baixo.

É necessário ser otimista e acreditar sempre em nossa força interior, que é gigante e transformadora.

Não podemos faltar aos compromissos de vida, pois são eles que nos levarão para o pódio.

Não podemos perder a vontade de viver e de lutar todos os dias. Cada dia é e sempre será um novo dia.

É preciso acordar cedo e ir à luta, sem desânimo ou preguiça.

Nesse novo mundo e de transformação, as coisas boas só acontecerão para pessoas boas e do bem. Então, vamos por esse caminho!

O Sol vai continuar a nascer todos os dias, para todos os seres que aqui estão.

Ruins ou bons, somos todos filhos de Deus e teremos o Sol a iluminar nossas existências.

Então, vamos desfrutar dessa luz forte e quente, que serve para clarear os nossos caminhos e nos colocar na direção certa e transformadora para a qual o planeta está indo.

Portanto, não desista jamais!

Coisas muito boas estão a caminho e por vir.

Vamos seguir no mesmo sentido ao qual o planeta está se dirigindo.

Para isso, vamos focar nas coisas boas, no que é melhor para todos e nas boas energias da vida.

Lembre-se: o planeta muda sem a nossa permissão. Mas a vida só mudará para melhor com a nossa permissão. Isso se chama livre-arbítrio.

Vamos continuar semeando e plantando as melhores coisas para uma colheita farta, certa e segura.

O mundo é outro e precisamos ser diferentes também. Agora, mais do que nunca!

Vamos juntos nessa evolução mágica e transformadora do planeta e do novo mundo?

É PRECISO ACREDITAR

Cada um de nós precisa acreditar em si. Acreditar de verdade, com todas as forças. Temos uma capacidade enorme de conseguir o que queremos e, principalmente, de sair bem de qualquer situação ruim, seja ela pequena, grande ou gigante.

A vida é uma dádiva, acredite sempre nisso. O que realmente precisamos é acreditar em nosso potencial e nas excelentes oportunidades que temos a cada dia.

Os problemas fazem parte da vida. É com eles que aprendemos a viver melhor e crescemos como seres humanos.

Acredite que você pode criar coisas boas e lindas para si e transformar sua vida para melhor, a cada instante.

Acredito que a essência de um indivíduo já é naturalmente criativa e que todos têm o poder de mudar tudo com essa magnífica criatividade. Sobretudo, a capacidade de mudar aquilo que é ruim para a categoria de excelente.

Muitas vezes, passamos a acreditar mais no outro do que em nós mesmos e podemos nos decepcionar. Por isso, é fundamental acreditarmos em nossas intuições e ouvirmos o nosso coração.

Temos que...

Acreditar em nossos sonhos, por mais que pareçam fantasiosos. É muito importante sonhar e acreditar. Quando deixamos de sonhar, deixamos de viver e de realizar.

Acreditar que somos seres imperfeitos e que estamos nesse processo para aprender e nos transformar o tempo todo. Esse é o caminho para a transformação de cada ser.

Acreditar que somos nós os responsáveis por criar os nossos momentos de felicidade e isso é fundamental. Acredito realmente que nós é que nos fazemos felizes. E cabe, a cada pessoa, a atitude de criar situações para vibrar e atingir o ápice da felicidade.

Acreditar que, cada vez mais, as coisas boas acontecem para pessoas boas e do bem. Precisamos ser bons e nos manter no caminho do bem.

Acreditar que será o trabalho honesto e árduo que proporcionará tudo o que almejamos.

Acreditar que, apesar dos pesares, tudo sempre dará certo.

Acreditar que Deus cuida de cada um de nós e que nossos mestres espirituais estão nos protegendo, a todo instante.

Acreditar que estamos nesse planeta de passagem e não a passeio. É necessário dar o melhor da gente.

Acreditar que nem todo resultado sairá como gostaríamos. O importante é ter a certeza de que foi bem-feito e que valeu a pena.

Acreditar que o amor de verdade não se compra, ele simplesmente acontece. E se chegar, segure-o de verdade.

Acreditar que não somos vítimas e que ninguém tem nenhuma obrigação para conosco.

Acreditar que temos o poder de mudar a nossa vida para melhor. É só querer e trabalhar diariamente para essa construção.

Acreditar que nada acontece por acaso na vida e tudo tem uma razão de ser. Sempre!

Acreditar que tudo que chega para nós – como um texto igual a esse, por exemplo – é obra do destino e de nosso merecimento. Por isso, precisamos prestar mais atenção em tudo e o tempo todo.

Acreditar que existem tantas coisas entre o céu e a terra, que estão muito além do nosso entendimento.

Acreditar que não cai uma folha de árvore sem o consentimento de Deus.

Acreditar que precisamos trabalhar a nossa paciência e esperar o momento certo para as coisas acontecerem.

Acreditar que tudo tem o momento certo. Tudo mesmo!

Acreditar que as pessoas entram e saem de nossas vidas por um motivo.

Acreditar que o que não é nosso hoje, poderá ser amanhã.

Acreditar que não somos os melhores em tudo que acreditamos ser. Não somos os mais belos, nem os mais inteligentes, mais perfeitos e por aí vai.

Acreditar que a humildade é algo de extrema importância para todos.

Acreditar que ser uma boa pessoa é sempre o melhor caminho a seguir.

Acreditar que temos nossas fraquezas e podemos tropeçar. Porém, após cair, ficar no chão ou se levantar é uma decisão individual.

Acreditar que tem pessoas maravilhosas e iluminadas passeando por aí e que elas poderão cruzar os nossos caminhos a qualquer instante.

Acreditar que o perdão é algo divino e que precisamos trabalhar isso dentro de nós.

Acreditar que nem tudo o que ouvimos é verdadeiro. Assim, não iremos nos decepcionar lá na frente.

Acreditar que cada ser está no seu processo evolutivo. Temos que aceitar e respeitar.

Acreditar que o universo está, o tempo todo, conspirando a nosso favor.

Acreditar que acordar para um novo dia é sempre uma grande vitória.

Acreditar que a inveja nunca levará ninguém ao sucesso. Ao contrário!

Acreditar que a paz de espírito, ao colocarmos a cabeça no travesseiro com a consciência tranquila, nos trará uma noite maravilhosa.

Acreditar que o amor existe sim e que podemos ter por perto as pessoas que amamos.

Acreditar que a vingança poderá sempre nos trazer sofrimento.

Acreditar que podemos chegar aonde queremos e rápido. Basta estarmos no caminho certo e com as pessoas certas.

Acreditar que podemos afastar o mal e pessoas más. Basta vibrarmos no bem.

Acreditar que o universo é justo: tudo aquilo que, por algum motivo, tiramos do lugar um dia deverá retornar ao seu local de origem.

Acreditar que boa energia atrai coisas boas.

Acreditar que bons pensamentos nos conectam a boas coisas.

Acreditar que precisamos criar o hábito de fazer bons atos, vibrar no bem e desejar o bem, até a quem nos ofereceu maldade.

Acreditar que podemos ser felizes hoje e sempre.

Acreditar que sabedoria é sabedoria. O que aprendemos, no decorrer da vida, passa a ser de cada um de nós e ninguém tem o poder de nos tirar esse conhecimento. Por isso, é necessário dividir com os demais.

Acreditar que só levaremos da vida aquilo que está dentro de nós.

Acreditar que é dando que se recebe.

Acreditar que existe um poder gigante dentro de nós.

Acreditar que o mal jamais vencerá o bem.

Acreditar o que universo sempre excluirá do nosso caminho o que não é bom para nós.

Acreditar que mudamos todos os dias e que os nossos aprendizados diários sempre poderão ser para melhor.

Acreditar que toda ação gera uma reação.

Acreditar que tem inúmeras coisas maravilhosas, ali na frente, esperando por nós.

Acreditar que nunca podemos desistir.

Acreditar que nunca seremos donos da verdade.

Acreditar em nós mesmos e, principalmente, em Deus, agora e sempre.

E, por fim, acreditar que sempre acreditaremos em tudo o que é bom!

VOCÊ E O MUNDO

O que você quer para você?
Para quando você quer?
Terá a capacidade de segurar e preservar quando o seu desejo chegar?

Pense seriamente nisso!

O universo é sábio e mágico. Ele conspira e trabalha o tempo todo para nos trazer os desejos mais profundos que estão dentro de nós.

Então, devemos ter claro – em nossa mente e em nosso coração – o que queremos para nossa vida. Às vezes, perdemos o tempo, as oportunidades que batem à nossa porta e os presentes que o universo nos envia de mão beijada.

É preciso que sejamos fortes em nossos propósitos, sempre! Precisamos vencer nossos medos e inseguranças diariamente e ter a capacidade de segurarmos o que veio para nós e já é nosso.

O que passou, passou, e poderá nunca mais voltar. Pense nisso!

Depois, não adianta chorar o leite derramado. A vida é curta demais para perdermos tempo e deixarmos o que é nosso ir para quem está na fila, atrás da gente.

Lembre-se que ninguém tira nada de ninguém. Se você não quer, outro quer!

Todos os seres humanos estão retirando suas senhas para a felicidade diariamente. Isso não para nunca!

A vida é feita de oportunidades e é lamentável não segurarmos o que vem para nós, já que pedimos tanto.

Se não queremos um trabalho, um amor, uma vitória e tudo mais, tem pelo menos quinhentas pessoas atrás da gente esperando pela mesma oportunidade. Isso é mais do que verdadeiro.

A cada um é dado o que pediu e atraiu para si. Portanto, a decisão de segurar (ou não) está em nossas mãos. Vale lembrar que o último sentimento – e o que mais dói ao chegar – é o "arrependimento".

Abra sua mente, seu coração, seus braços e sua vida. Receba e segure firmemente tudo aquilo que você pediu, que chegou e é seu.

E quando chegar e for seu, agradeça e agradeça muito. Seja forte e seguro, para não deixar ir embora o presente que o universo lhe deu e é seu por direito divino.

A nossa mente cria, o universo traz e a gente segura. Sempre foi e sempre será assim, pode ter certeza.

Não adianta iniciar um novo ano pedindo e pedindo, fazendo planos e tudo mais, se não terá a capacidade de abrir o presente e mantê-lo consigo. Entende?

Cada vida é uma vida, cada pensamento é um pensamento e cada ser é um ser.

Então, seja alguém que sabe o que quer para si, e tenha força e segurança para conservar o que virá para você, respeitando o que foi pedido.

Na sua mente, só mora o pensamento que você estiver alimentando. E o que virá quando você estiver pronto para receber será o que pensou e alimentou.

No seu coração só terá lugar para a pessoa que você estiver esperando para lhe fazer feliz, amar, cuidar de você e tudo mais.

Então, reflita sobre tudo e receba de braços abertos os seus presentes; segure-os e agradeça. Isso deve ser um exercício diário!

E outra coisa: pare de reclamar! Crie o hábito de agradecer a tudo e o tempo todo. Reclamou, Deus tira!

Tenha uma vida linda, recheada de bons pensamentos e recebimentos, com o coração aberto e conectado com a felicidade.

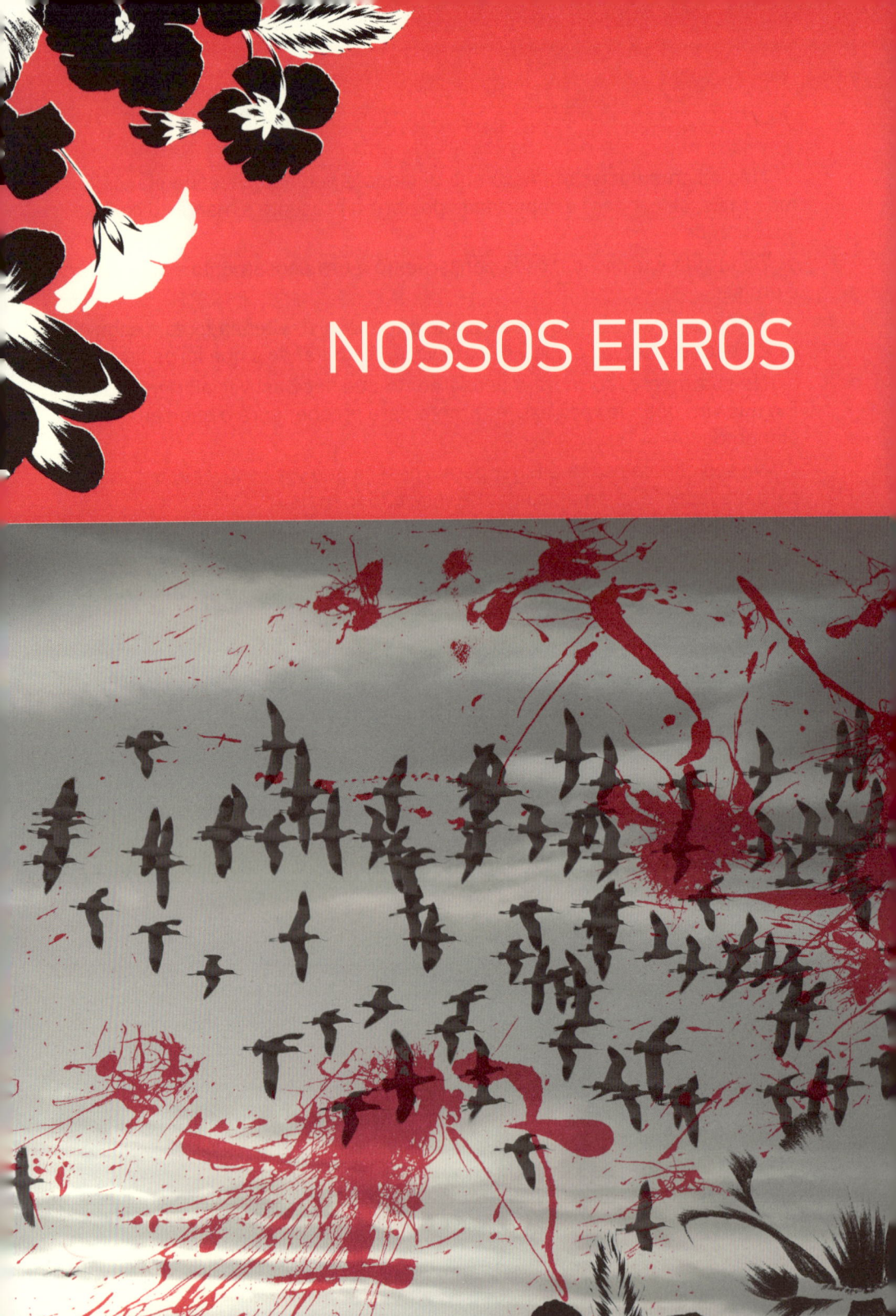

NOSSOS ERROS

Já ouviu falar que é errando que se aprende?

Pois é, isso é mais que verdadeiro!

Querendo ou não, passaremos por essa existência errando, e errando muito.

É preciso sempre tomar cuidado com os nossos erros e, principalmente, com a forma de errar.

Existem vários tipos de erros sendo cometidos, mesmo que estejamos cientes ou não.

Podemos errar na escolha de uma pessoa que julgamos ser amiga (e não é) ou de um novo relacionamento que só trará problemas. Podemos errar na conduta diária, nos excessos e nas faltas. Podemos errar na opção por uma roupa inadequada (e sermos criticados por isso), em sermos rudes ou deselegantes com alguém, em uma frase colocada na hora errada ou de forma inapropriada. Podemos errar sendo grosseiros com alguém (nos fazendo arrepender na sequência), brigando sem necessidade, sendo injustos ou descorteses, fazendo fofoca, cuidando da vida dos outros, usando alguém para conseguir algo na vida, sendo cruéis, querendo levar vantagem em tudo, mentindo/omitindo, e por aí vai... são tantos erros que podemos cometer, que daria uma lista gigante!

Quando errarmos, o ideal é pedirmos perdão e voltarmos atrás. Só que isso é extremamente difícil para muitas pessoas.

Se alguém disser que não comete erros, estará mentindo (e muito!).

Na realidade, quando conseguimos analisar os erros dos outros sem criticar e interferir, eles podem e devem ser um grande espelho, para nos fazer perceber e entender as diferenças da vida e das pessoas.

É observando que podemos aprender com os outros. Isso serve para tudo!

Nossos erros, cometidos e autoanalisados, farão com que tenhamos uma nova atitude, desde que aceitemos o erro e consigamos corrigi-lo na sequência, levando-o, assim, como experiência para a nossa vida.

Claro que nem todo erro será fácil de mudar, corrigir ou até mesmo consertar, mas o importante é percebê-lo e a frase que deve ser dita em seguida: "Por favor, me perdoe".

Quando ferimos alguém de verdade, fica mais complicado mudar essa energia. Até porque tem feridas que demoram para cicatrizar. Só que nada é impossível quando mostramos ao mundo que somos uma nova pessoa e estamos sujeitos a cometer erros.

Todo mundo erra e o perdão deve servir para todos.

Vale lembrar que a alta frequência de erros poderá definir a pessoa como mau caráter. Isso não é nada bom!

Então, todo cuidado é pouco.

A vida passa, os erros passam, mas a imagem negativa do ser humano em suas atitudes pode ficar para sempre.

O ideal é criarmos sempre boas impressões.

Errou? Desculpe-se e mostre o melhor de si mesmo, na sequência.

Como diz aquele ditado popular: "Errar é humano, mas persistir no erro é burrice".

Vamos então perceber onde estamos errando, mudar a vibração/energia e focar nos acertos.

Vamos nos desculpar com aqueles que praticamos um ou mais erros.

Vamos mostrar a nossa humildade e mudar o cenário das coisas.

Vamos nos tornar seres humanos de verdade, sujeitos a cometer erros e, ao mesmo tempo, procurar ser mais assertivos.

Vamos acertar mais e errar menos.

Vamos ser pessoas melhores e fazer o melhor que pudermos.

Vamos enfrentar a vida, saber errar, não ficar presos nos erros e mostrar que queremos e podemos ser pessoas melhores.

Vamos nos conhecer melhor a cada dia e saber onde estamos errando.

Vamos nos desconectar dos defeitos e mostrar as forças que temos e as centenas de qualidades que existem dentro de nós.

Para ser feliz é preciso se conhecer melhor, se aceitar, se amar e lutar diariamente com a gente mesmo, em busca de nos tornarmos pessoas melhores a cada instante.

Não é difícil mudar para melhor.

Nada é tão difícil ou tão complicado na vida quando queremos mudar.

E hoje em dia, mais do que nunca, é necessário sempre mostrar-se como um ser melhor.

Então, daqui pra frente, vamos pensar melhor. O que passou, passou!

Foco no acerto, agora e sempre.

Vamos pensar da seguinte forma: hoje à noite eu serei uma pessoa melhor e amanhã, serei melhor ainda.

E ser melhor do que ontem não é deixar de errar, e sim saber que não se pode persistir nos erros diários.

Vamos procurar acertar bastante daqui pra frente?

Vamos mostrar todas as nossas qualidades?

Todos nós sabemos que podemos nos tornar seres humanos mais esclarecidos e melhores a cada dia.

Então, vamos que vamos!

O mundo quer e espera o melhor de cada um de nós.

Então, boa sorte pra gente!

AS NOSSAS ESCOLHAS

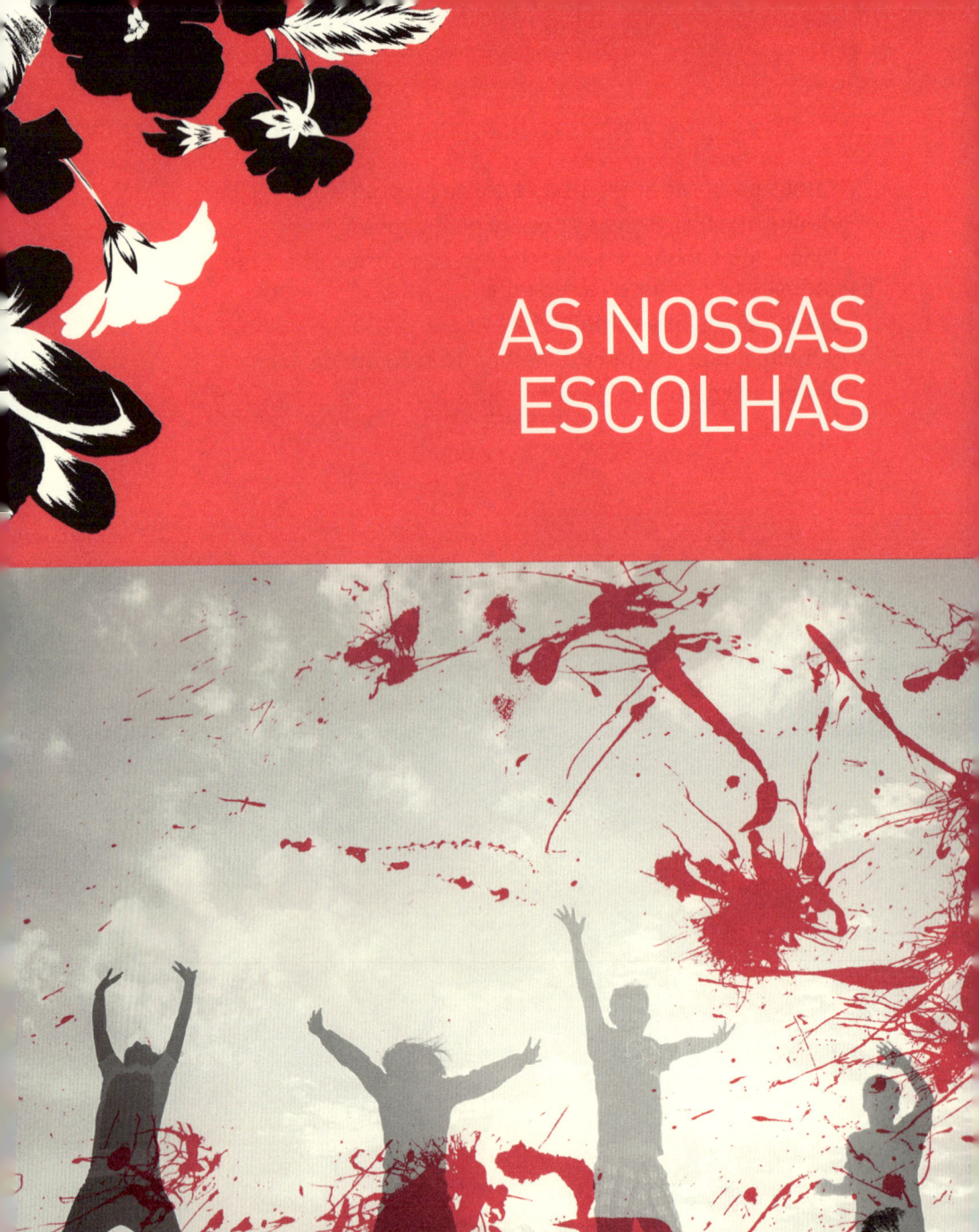

O que estamos escolhendo para a nossa vida nesse momento é o que decidirá o nosso futuro.

Seja qual for a escolha, será o degrau para o amanhã, tenha certeza!

É preciso ter em mente que, para cada ação haverá uma reação, e disso não conseguiremos escapar.

Nossas escolhas, querendo ou não, terão sempre impactos positivos ou negativos em nossa vida.

Temos que ser precisos, corretos e muito conscientes do que escolheremos para nós. O resultado virá mediante a escolha feita, acredite!

Podemos escolher coisas que não são boas e, até mesmo, na inocência.

E também é possível que a gente faça uma boa escolha e a deixe escorrer pelas mãos. Só entenda que ela poderá nunca mais voltar.

Hoje, mais do que nunca, é preciso não errar nas escolhas e jamais abrir mão daquelas que já fizemos e são boas para nós.

Fazer boas escolhas não é tão complicado assim. É como ir ao supermercado fazer compras: no meio de centenas de produtos, sabemos exatamente o que levar para casa. Andamos por todo o estabelecimento e levamos o que realmente queremos e precisamos.

Vivemos a vida fazendo escolhas e o ideal é fazer a escolha certa.

Em nosso íntimo, sabemos do que precisamos, não é mesmo?

E quando fazemos a escolha certa, aí sim a vida fica prazerosa e boa de se viver.

Basta ter foco naquilo que precisamos para ser felizes e escolher o que será bom para nós.

Apesar de vivermos em um mundo louco e cheio de inseguranças, continuo acreditando que o ser humano pode mudar para melhor a sua vida, a qualquer momento. Acredito que ele pode se transformar em algo puro e divino na hora que quiser. É só estar atento às suas escolhas e ao seu propósito de vida e de evolução.

É só usar as palavras mágicas: "Eu sou, Eu quero, Eu posso, Eu consigo, Eu tenho".

Faça esse exercício diário e verá os grandiosos resultados em sua vida.

E também escolha o que é bom para você, sem prejudicar o próximo.

Fique atento ao que se passa dentro e fora de você.

Não perca tempo e, muito menos, oportunidades.

Não se lamente pelo que passou. Sempre há tempo para escolher algo novo e precioso.

Tenha fé e não desanime, jamais.

Se estiver passando por alguma situação difícil em sua vida nesse momento, tenha a certeza de que passará.

Acredite em Deus e seja persistente no seu propósito.

Não alimente o ódio e trabalhe o perdão dentro de você.

Cuidado com o ego, a vaidade e o orgulho.

Seja humilde sempre e em qualquer circunstância.

Tenha amor-próprio, amor pela humanidade e muito amor pelo planeta onde vivemos e que nos acolhe tão bem.

Não use ninguém, em nenhuma situação.

Seja verdadeiro consigo mesmo e com o mundo.

Seja paciente e persistente.

Tenha muita fé, sempre.

Acredite em você e no seu potencial.

Procure focar naquilo que almeja como resultado para a sua vida.

Seja você de verdade.

Não guarde rancor.

Não faça nada que possa prejudicar o outro.

Não seja oportunista, em nenhuma situação.

Seja tolerante.

Seja digno.

Seja amoroso.

Seja gentil.

Seja iluminado.

Tenha caráter.

Faça boas escolhas a partir de hoje e seja feliz e realizado.

E vale lembrar que a vida é feita de infinitas possibilidades e que tudo vem de acordo com as nossas escolhas. Então, o ideal é fazer a escolha certa.

Desejo-lhe milhares de coisas mágicas, puras e lindas.

FAZENDO A DIFERENÇA

Sabia que cada um de nós pode fazer a diferença no mundo em que vivemos?

Que podemos ser diferentes na vida das pessoas e, principalmente, para nós mesmos?

Na realidade, precisamos arrumar possibilidades e situações positivas e, assim, procurar fazer a diferença sempre. Para melhor, é claro!

Isso dará mais peso à nossa existência e, mais ainda, à nossa pessoa.

Precisamos ser diferentes no sentido positivo, mostrar o nosso bom caráter.

Isso nos dará a sensação de dever cumprido. Ficaremos bem com a gente mesmo. Pode acreditar!

Você já foi voluntário em alguma obra ou ação social?

Se nunca foi, por favor, faça isso como teste. E espero que vire hábito.

Quando participamos dessas ações na proposta do bem, voltamos com uma sensação de euforia e leveza para casa.

Temos a certeza de que, naquele dia, conseguimos fazer a diferença na vida de alguém.

Não é mesmo?

Agora, ficar parado, sentado e esperando as coisas caírem do céu nunca farão a diferença em nada, nem para melhor, nem para pior.

Até porque quem fica parado é POSTE!

Então, precisamos saber de algumas coisas ao nosso respeito.

Por exemplo:

Quem eu sou?

Como eu sou?

Por que eu sou?

E o que o mundo espera de mim?

Raciocine mais em relação a si mesmo todos os dias.

E sempre se pergunte:

Que diferença eu posso fazer para as pessoas que vivem neste mundo?

Que diferença eu posso fazer para o planeta que eu vivo e me deu a oportunidade de estar nele?

Que diferença eu posso fazer para quem me ama?

Que diferença eu posso fazer para ser uma pessoa querida de verdade?

Que diferença eu posso fazer no meu trabalho ou nos meus negócios?

Que diferença eu posso fazer na minha casa e com a minha família?

Que diferença eu posso fazer para com os meus amigos?

Que diferença eu posso fazer para quem gosta de mim?

Que diferença eu posso fazer para quem não gosta de mim?

Que diferença positiva eu posso fazer para quem fez algo negativo/ruim para mim?

Que diferença fará, para mim, em todos os dias que me restam?

E por aí vai!

É preciso nos questionarmos mais e sempre.

É preciso ser diferente e fazer a diferença.

É preciso saber viver com as diferenças que existem no mundo.

É preciso aceitar as diferenças dos seres humanos que estão neste planeta.

É preciso colocar mais amor nas coisas que achamos mais indiferentes.

É preciso saber que as diferenças fazem parte da vida.

Então, é preciso saber viver, sendo diferente em meio a tantas indiferenças.

Vamos mostrar nossas diferenças e ser diferentes para melhor?

Vamos deixar de ser indiferentes com tudo que é diferente?

Sinto que o universo quer que sejamos diferentes e ajudemos a mostrar as boas diferenças para mundo.

Então, vamos lá!

Muita sorte para você que está no caminho de ser diferente e se mostrar diferente.

MEU MUNDO E MINHA REALIDADE

E como é o seu mundo?

Às vezes, percebo-me em uma grande viagem interna, tentando me entender e compreender o ser humano e seu mundo. Realmente, entro em parafuso quando isso acontece.

Não é nada fácil tentar entender tudo; principalmente a cabeça das pessoas e o mundo delas. Cada um é um, e é necessário respeitar os seres em seu processo evolutivo.

Por mais que eu acredite que o planeta muda todos os dias, e com a vibração do bem que vem do universo a cada instante, percebo que falta muito para a evolução do ser humano como um todo.

Tem pessoas que esperam muito das outras. Muitos estão cada vez mais acomodados e à espera dos outros o tempo todo.

Vejo pessoas que querem estar ao lado de outras, simplesmente por interesses próprios, financeiros e materiais, e nada além disso!

Infelizmente, o oportunismo invade a alma de muitos nesse mundo louco e cruel que vivemos. Somos descartados do nada, quando deixamos de proporcionar algo de bom aos interesseiros. Uma pena e uma grande tristeza. Não é mesmo?

Nesse mundo e nesse momento é possível ver quantas pessoas estão tirando proveito das outras em determinadas situações. Quanto oportunismo! Quanta falta de caráter!

O mundo só mudará quando as pessoas mudarem seus pensamentos e atitudes. O desvio de caráter é algo extremamente negativo no indivíduo.

Para nos darmos bem na vida, precisamos acordar cedo e ir à luta.

Sonhar é bom, mas o melhor da vida é realizar o sonho através de muito trabalho.

Muita gente precisa descer do salto e abaixar a crista.

O mundo está cada dia mais difícil e o universo, mais seletivo.

Tudo isso é para nos testar e testar também a nossa capacidade de continuarmos progredindo e evoluindo.

O que é do outro é do outro.

Temos que saber que cada um de nós tem o que merece, e pronto!

Tantas pessoas arriscam suas vidas todos os dias na estrada, no trabalho e na luta diária. Ainda assim, vejo pessoas almejando estar no lugar de muita gente, e penso que tudo isso é uma grande bobagem, um pensamento pequeno.

A inveja destrói o ser, sabia?

Para onde estamos indo?

Onde e quando queremos chegar?
E o que faremos quando chegarmos lá?
Já pensou nisso?
Não podemos ser como Colombo, que viajou sem saber para onde iria e, quando chegou, não sabia onde estava. Impressionante!
O importante é deixarmos um legado nessa existência.
A vida não é uma festa e nem um turismo pelo planeta. Estamos aqui com um propósito, e precisamos descobrir, o quanto antes, qual é este propósito. Tenha certeza que isso muda tudo em nossa vida.
O ideal é seguirmos juntos na mesma estrada.
Ninguém chega a lugar algum sozinho! Um depende do outro e para chegar lá sempre dependerá.
O planeta está mudando, evoluindo e precisamos seguir o ritmo dele.
É bom jogar o pensamento "EU" fora, e começar a pensar como "NÓS".
Deixar de viver individualmente e passar a viver na coletividade. Esse é o momento de pensar e viver isso. Juntos seremos mais fortes e chegaremos mais longe!
Temos que fugir da vaidade e não nos prendermos ao ego.
Precisamos ter soluções criativas o tempo todo.
Vejo tantos jovens que ainda estão nas costas dos pais, talvez por ser mais fácil, mais cômodo e mais econômico para eles.
Vejo outras pessoas que acham que o governo tem que lhes dar algo.
O prazer da vitória sempre virá do mérito do trabalho árduo e diário. Não se esqueça disso!
Não podemos e não devemos jogar as oportunidades fora, nunca! As coisas não costumam voltar para nós como imaginamos.
Se eu não quero, o outro quer, e poderá aproveitar mais a chance. É importante pensar nisso: é agora ou nunca!
Muitas pessoas vivem reclamando de tudo e o tempo todo.
Não dão valor às coisas que vêm para elas e, muitas vezes, nem à vida que Deus lhes deu. Temos que mudar essa vibração e esse pensamento. Temos que agradecer por tudo, todos os dias.
O ideal é não julgar as pessoas e nem excluí-las de nossas vidas e nossos projetos. Na prática, deixar de excluir não é tão simples assim! As pessoas nos excluem ou simplesmente nos tiram da vida delas em segundos. O perigo está aí, em pensarmos que se o outro faz, temos de fazer igual. Não, realmente não é o caminho!

À medida que subimos um degrau na escada da vida e da evolução, queremos levar quem amamos junto. Praticamente queremos puxar essas pessoas conosco.

Esse é um outro grande erro. Cada um está em seu processo existencial, sabia? Temos que aceitar e respeitar, querendo ou não!

O que vejo é que somos tão pequenos em nosso mundo e em nossa realidade.

Então, devemos focar no bem, em Deus e nas boas energias do universo.

Plantar sempre as coisas boas para, lá na frente, ter uma ótima colheita.

E, é claro, buscar e construir a nossa felicidade e proporcionar felicidade a quem está ao nosso redor.

Assim, pode ter a certeza que teremos uma vida próspera e feliz.

TREM DA VIDA

Um dia trocando ideia com amigo numa viagem de negócios a Dubai, ouvi algo que me fez refletir e pensar bastante:

"A vida é como uma estação de trem e o mais importante é pegar o trem certo.

Todos os dias saem muitos trens para vários destinos e com paradas em estações completamente diferentes. Só existe um trem certo a se pegar, que é o trem que poderá nos levar para a estação certa, que é a do sucesso da nossa vida.

Se perdermos esse trem, perderemos uma grande oportunidade de uma viagem de sucesso, e essa viagem se chama Vida".

O meu entendimento de tudo isso é o seguinte:

Será que já pegamos o trem e foi o trem certo?

Ele que irá nos levar ao lugar que sempre imaginamos chegar?

Vale refletir e pensar muito nesse assunto!

Se tivermos entrado no trem errado, aonde chegaremos?

E se pegamos o certo, mas descemos na estação errada... o que devemos fazer?

Você concorda que a vida é assim?

Muitas pessoas pegam o trem certo e descem na estação errada, ou pegam o trem errado querendo descer na estação certa!

E se esse trem que perdemos, ou deixamos de pegar, fosse nos levar para a estação certa?

Realmente é dessa forma o trem da vida e concordo plenamente com o meu amigo.

Não podemos perder tempo em nada e devemos procurar não fazer as coisas erradas. As oportunidades podem nunca mais voltar, não é mesmo?

O mundo neste momento é outro. Tudo mudou e continua mudando em uma velocidade incrível.

Vamos tentar ser pessoas melhores, sermos justos, corretos, honestos e íntegros, buscando não sermos desleais, nem oportunistas. Vamos tentar ter um bom caráter, ser do bem, ajudar o próximo (mesmo que a ingratidão seja grande), trabalhar a nossa humildade, focar em algo bom e verdadeiro.

Vamos tentar deixar de achar que somos os melhores e começar a fazer o melhor que pudermos, exercitar a paciência, ter fé, acreditar em nosso "EU" interior, não pisar no outro, não usar ninguém como escada, não mentir, não viver em um mundo de ilusões, não passar ninguém para trás, entre tantas outras coisas.

É importante tomar a decisão certa, ou melhor, o trem certo.

Para mim, o trem da vida é o trem certo e ele nos levará aonde queremos e devemos chegar. Esse é o trem com destino garantido para o sucesso da nossa vida. Então, esse é o caminho verdadeiro.

Vamos prestar atenção para não ficarmos atraídos por coisas que não valem a pena.

Vamos atentar para não descermos na estação errada e achar que pegaremos outro trem da vida na sequência, rumo ao sucesso.

Como falei, passam vários trens, porém, existe somente um que devemos pegar e esse, não se pode perder. Se deixarmos passar a oportunidade, pode ser que percamos a grande chance da vida.

Acredite, as oportunidades não costumam voltar!

Podemos errar e acertar em muitas coisas durante o caminho. Passaremos por várias situações, boas e ruins. Só não podemos perder a chance mais importante para a nossa existência como seres de sucesso.

Verifique o trem que você precisa pegar e esteja na estação certa. Entre no vagão cheio de luz e de pessoas do bem, e tenha certeza que ele lhe levará para o rumo certo: a estação do sucesso e da felicidade.

Acredito fielmente que, cada vez mais, as coisas boas acontecem para pessoas boas e do bem.

O sucesso vem para quem está preparado para receber. E a garantia do sucesso está em nossas mãos e na decisão de pegar o trem certo.

Precisamos ter e fazer amigos verdadeiros. Eles poderão sempre nos ajudar a caminhar para a estação certa.

Às vezes, não conseguimos ir sozinhos, chegar na estação certa, pegar o trem correto e descer na estação ideal. Um bom e fiel amigo poderá sempre nos auxiliar. Resumindo, não somos nada sozinhos, até porque um trem não parte sozinho.

Hoje, mais do que nunca, é importante refletir sobre a vida, ser mais realizador do que sonhador.

Ser mais humano do que máquina.

Ter o coração puro e cheio de luz.

Ajudar o outro a pegar o trem certo e descer na estação certa. Esse assunto pode ser muito redundante, mas é para fazermos uma reflexão sobre o tema, que terá como bom resultado a conduta certa.

Então, comece a ver em que estação você está, o trem que pegará e a estação correta para descer.

Desejo-lhe boa sorte nesse caminho de vida.

Entenda que a decisão certa levará você para uma vida maravilhosa, próspera, repleta de felicidade, muito abundante e cheia de luz.

Boa viagem de vida!

O MOMENTO

Já ouviu falar que tudo é momento e que o momento é agora?
E, também, que o momento não espera, do tipo "agora ou nunca"?

Pois é... estamos de frente para o momento, o verdadeiro momento de nossas vidas.

A velocidade do tempo é assustadora.

Já viu em que mês do ano estamos?

Fizemos aniversário dia desses e logo vamos comemorar outro.

O tempo não para!

Ele corre e quando não conseguimos alcançá-lo, realmente perdemos o momento.

Aquele momento em que tudo poderia mudar em nossas vidas, e mudar para melhor. Pense nisso!

Então, repito, o momento é agora!

Momento de refletir;

Momento de pensar e repensar a vida;

Momento de ser feliz;

Momento de agarrar as oportunidades;

Momento de buscar luz e espiritualidade;

Momento de ser bom e fazer o bem;

Momento de ser útil aos demais;

Momento de ser exemplo positivo para o mundo;

Momento de pensar no legado que você deixará após esta existência;

Momento de não julgar o próximo;

Momento de enfrentar as barreiras e pular os obstáculos;

Momento de pedir perdão a quem magoamos e perdoar a quem nos magoou;

Momento de vencer na vida;

Momento de parar de reclamar;

Momento de não se vitimizar pelas coisas;

Momento de plantar coisas boas;

Momento da colheita esperada;

Momento de viajar mais;

Momento de estar em paz consigo mesmo e com o universo;

Momento de realizar os sonhos;

Momento de nos aceitar como somos;

Momento de deixar de lado a raiva, a intriga, a fofoca e tudo o que nos leva para baixo;
Momento de cultivar os verdadeiros amigos;
Momento de ter paz;
Momento de amar mais;
Momento de ser amado de verdade;
Momento de acertar o alvo;
Momento de jogar fora o orgulho, a arrogância e o egoísmo;
Momento de não querer ser melhor que ninguém;
Momento de dar a mão a quem precisa;
Momento de ser mais tolerante;
Momento de ser mais paciente;
Momento de acordar cedo e ir à luta;
Momento de ser um grande vencedor;
Momento de parar de cuidar da vida dos outros;
Momento de agir com sabedoria;
Momento de ter muita fé e sempre acreditar que tudo já deu certo;
Momento de parar de se lamentar;
Momento de dar voos altos;
Momento de adoçar a vida;
Momento de parar de mentir;
Momento de relaxar mais;
Momento de não perder a chance;
Momento de ter tudo o que sonhou;
Momento de rir muito e de verdade;
Momento de esquecer os problemas, pois sabemos que eles sempre se resolvem;
Momento de ouvir mais os conselhos;
Momento de aconselhar quem precisa;
Momento de pegar o telefone e ligar para quem gostamos;
Momento de dizer "eu te amo";
Momento de comer o que queremos e gostamos, sem medo de engordar;
Momento de fazer esportes e cuidar da saúde;
Momento de não perder tempo na vida;

Momento de dar uma reviravolta na vida;
Momento de correr atrás do que se quer;
Momento de ir de encontro à sorte;
Momento de deixar de ser negativo e passar a ser muito positivo;
Momento de respirar mais;
Momento de ver a vida colorida e não mais em preto e branco;
Momento de subir ao pódio;
Momento de vencer e ser um grande vencedor.
Tudo é momento; ele muda e precisamos mudar com ele.
Não podemos ficar parados e perder tempo na vida.
Devemos aprender que, na existência, tudo tem o momento certo para as coisas acontecerem.
O SEU momento não é o MEU momento e temos de respeitar isso, já que cada um está em um momento na vida.
Vamos aproveitar o momento que estamos aqui, vivos e com saúde, para fazer o queremos, podemos e temos oportunidade para fazer.
Vamos fazer tudo enquanto a saúde e a vida nos permitirem.
Então, façamos deste momento o melhor de nossas vidas.
Ainda há tempo!
O momento é agora.
Aproveite a vida e todos os seus momentos, hoje e sempre.

A JUSTIÇA

Justiça, para mim, sempre será a justiça de Deus.

Todos nós, sem exceção, já fomos injustiçados por alguém ou de alguma forma. É doloroso e às vezes até traumático, mas temos que seguir confiantes que tudo um dia será revelado.

Pode-se esconder várias coisas nesta vida, menos a verdade.

Para se cumprir a justiça divina, precisamos, em primeiro lugar, ser muito justos.

Tudo sempre nos será cobrado e essa cobrança baterá em nossas portas, ou melhor, em nossos corações.

Quando formos injustiçados, devemos manter a calma, estarmos no propósito do bem, sermos uma pessoa boa e deixarmos o universo agir com sua imensa sabedoria e total justiça.

Entretanto, ser bom e justo é um treino diário e não somente da boca para fora, como muitos fazem ou acreditam.

Isso tem que vir do coração e da alma. Precisa fazer parte de cada pessoa.

E vejo que não é tão difícil assim. Basta querer e trabalhar essa contagiante energia do bem.

Na vida, existem dois caminhos a seguir: o do bem e o do mal. A escolha é individual, mas seremos cobrados pelos nossos atos e por tudo o que fizermos. Isso sim é justiça!

É claro que é benéfico ser bom e do bem. Temos que criar oportunidades para fazermos o bem, mesmo que a ingratidão faça parte da vida e que a injustiça esteja presente de alguma forma.

Devemos manter o nosso caráter, sermos justos, firmes, verdadeiros e estarmos no propósito do bem, sem jamais desanimar.

Devemos acreditar que Deus sabe o que é melhor para cada um de nós e sempre revelará a verdade.

O universo não deixa passar nada, nada mesmo. Se tirarmos algo do lugar, teremos que voltar para o devido lugar.

Se sujarmos, teremos que limpar, e por aí vai. Isso sim é justiça e dela ninguém escapará.

Temos que acreditar na justiça que vem do alto.

E, claro, desejar amor e enviar luz às pessoas que, por algum motivo, nos injustiçaram.

Já ouviu aqueles ditados que falam sobre o lobo em pele de cordeiro e que Deus nunca dorme?

São mais que verdadeiros, pode acreditar!

Costumo afirmar que o planeta mudou e está mudando a cada segundo, para melhor. Precisamos correr para tentar acompanhar essa tremenda mudança, cuja velocidade é gigante.

Vamos nos esforçar para sermos bom e fazermos o bem, que são coisas completamente diferentes.

Não é fácil, mas orar e vigiar devem ser uma atividade diária.

Creia que o mal jamais vencerá o bem. Jamais!

Tenha a certeza de que coisas boas só acontecerão para pessoas boas.

Repare que as máscaras começaram a cair e isso é assustador. Infelizmente, não sabemos mais em quem confiar.

Mas isso faz parte da transformação do planeta.

Quem é bom fica e quem não é, poderá ser convidado a se retirar a qualquer momento. É o ultimato da justiça superior.

Acredite que existem muitas pessoas boas e do bem neste planeta. Precisamos vibrar para termos a oportunidade de chegar perto e conviver com esses seres de luz, que poderão nos transformar.

A mentira já não tem força no mundo moderno e no planeta em constante transformação.

A aceitação de cada um de nós, em qualquer situação de nossa existência, deve ser pensada. Devemos nos aceitar como somos e não esconder a nossa realidade.

Não podemos desanimar, achando que as coisas e o mundo estão perdidos. Nada está perdido!

Não pense que somos santos, até porque os santos estão no céu.

Vejo que é necessário olhar para dentro de nós, perceber as nossas falhas, pedir perdão por elas e para quem magoamos ou prejudicamos.

Não podemos usar as pessoas. Isso nos será cobrado e muito!

Vamos tentar encontrar a luz, tão necessária para o nosso crescimento como seres humanos e para o processo evolutivo.

Coloque tudo nas mãos do Criador e deixe o universo – que é mágico e justo – agir.

E mediante qualquer injustiça que possamos sofrer, vamos enviar luz, perdoar e continuar a seguir o caminho do bem.

As portas da vida abrem e fecham o tempo todo. Temos que estar atentos em qual porta precisamos passar.

Precisamos emanar "AMOR" para o planeta e para todas as pessoas; em especial, àquelas que nos injustiçaram.

A vida precisa ser linda, equilibrada, justa, correta, magnífica, honrada, transparente e cheia de luz.

E o ser humano precisa aprender com tudo e estar preparado para tudo.

Uma coisa é certa: para quem muito é dado, muito será cobrado. Isso faz parte da justiça divina.

Então, vamos ser justos, íntegros, corretos e confiar no universo e na justiça de Deus.

Estejamos atentos aos erros que cometemos, para que eles não se repitam.

Vamos nos conectar ao bem, acreditar que dias melhores virão, ter fé e paciência, perdoar a quem nos ofendeu, caminhar para a luz da sabedoria e ajudar o próximo (mesmo sabendo que a ingratidão também poderá vir dele).

Sejamos gratos e procuremos não cultivar ódio, nem mágoas.

Vamos aprender com a vida, procurar nos transformar em indivíduos melhores a cada dia, saber que dar é melhor que receber, entre tantas outras coisas que fazem parte de nosso processo de buscar luz.

Nem sempre as coisas são como gostaríamos, e sim como elas têm que ser.

Portanto, vamos acreditar que o DEUS que está dentro de nós é justo, bondoso, poderoso e verdadeiro.

E que o universo conspira a nosso favor o tempo todo e sempre fará com que a justiça prevaleça.

Acredite que sempre haverá justiça!

ENERGIA E VIBRAÇÃO

Sabia que tudo no universo é vibração?
Que tudo está em movimento?
E tudo é energia?

Tudo o que pensamos, estamos materializando e atraindo para nós!

A vida é exatamente assim: pensou, materializou e atraiu.

O que pensamos agora começa a ser construído em nossa mente, para dar força e fazer acontecer. Tudo mesmo! E pode ser bom ou ruim.

Então, é preciso tomar muito cuidado com os nossos pensamentos. Eles têm um poder gigantesco e infinito.

Estejamos atentos a eles, agora e sempre, pois seremos aquilo que pensarmos.

Já que tudo está em constante movimento e tudo é energia, sempre iremos nos conectar ao universo e atrair o que está em nossa mente, através dessa força grande e poderosa que é o pensamento.

O nosso subconsciente moverá o céu e a terra para tornar realidade física o que ele entende como verdadeiro, acredite!

Pensar grande = ser grande.

Pensar em SUCESSO só atrairá sucesso.

Pensar em riqueza poderá fazê-lo muito rico.

Pensar em pobreza poderá colocá-lo na pobreza, mesmo que seja a espiritual.

Então, vamos focar nas coisas boas, pensar que temos saúde, que somos prósperos e temos abundância.

Precisamos saber com clareza o que queremos de bom para nós e, assim, pensar e materializar as coisas mais divinas, puras e boas, por meio dessa máquina sábia e atrativa que é a nossa mente.

Não é tão difícil assim. É só mudarmos a forma de pensar e, automaticamente, mudaremos a vibração.

Sabe aquela pessoa que só fala de doença? Pois é... se ela ainda não está doente, pode ter certeza que ficará em breve.

Pessoas de sucesso só falam de sucesso.

Pessoas ricas se mantêm na energia da riqueza e estão sempre atraindo fortunas.

Pessoas do bem falam, fazem e vivem coisas boas todos os dias.

Além do mais, também atrairemos, para próximo de nós, aquilo que faz parte de nossa vibração e dos nossos pensamentos. Então, perceba e tome cuidado com aquilo que pensa diariamente. O ato de pensar deve ser reconsiderado.

O ladrão ou o assaltante está lá fora. Se você não parar de falar e pensar nele, tenha certeza que poderá encontrá-lo algum dia. Têm pessoas que até deixam uma bolsa extra ou um dinheirinho no carro esperando pelo ladrão. Como é que pode, né? O encontro é iminente!

Por outro lado, tem gente que se envolve de luz e proteção, e nada de mal lhe acontece. Não é mesmo?

Olha o poder do pensamento agindo. Reflita sobre isso!

Se você quer o melhor para você, pense e vibre no melhor, agora e sempre.

Quando abrimos a guarda, nossa vibração cai, ficamos carentes, pensamos negativamente e coisas ruins poderão aparecer. Até mesmo um amor problemático pode vir do nada e mudar a vida de qualquer um.

Pense todos os dias naquilo que realmente você quer. Naquilo que será o melhor para você, que lhe fará feliz, próspero, realizado e cheio de saúde.

A força do pensamento é tão grande e poderosa, que tudo em nossas vidas pode se transformar para melhor (e muito melhor!), através dos pensamentos bons. Se pensarmos nas coisas boas, vibrarmos nelas e materializarmos, pode ter certeza que chegarão a qualquer momento.

Caso não possamos ajudar alguém que está preso em seus pensamentos negativos e confusos, o ideal é ficarmos distantes desta pessoa, pois ela vibra negativamente.

Essas coisas nos afetam e podem mudar a nossa vibração. Pessoas para baixo têm o poder de nos puxar para baixo. Temos que tomar cuidado e nos policiar sempre!

Quando estamos próximos a pessoas positivas, felizes, resolvidas, prósperas e que vibram no bem, ficamos eufóricos, temos mais vontade de viver e conseguimos ver a vida de outra forma. Concorda?

Temos sempre que estar perto de pessoas do bem, que são sucesso de vida, que nos colocam para cima, falam de sucesso e de coisas boas. Desta forma, estaremos conectados à prosperidade, desde que vibremos na mesma proporção.

Quando assistimos a uma comédia, logo começamos a rir, mesmo sem entender.

Quando vamos a um velório, ficamos para baixo e nossa energia cai, mesmo sem conhecer o falecido.

ENERGIA E VIBRAÇÃO - 101

Olha o que é energia! Olha o poder do pensamento das pessoas e veja o que é a vibração.

Tudo é uma questão de pensamento e conexão!

Repare na vibração energética que cada um emite para o universo e para as pessoas. O universo mandará de volta essa mesma vibração, acreditando que é o melhor para você. O que estivermos pensando, vibrando e acreditando, não importa o que seja, teremos isso como resposta.

Então, é importante estarmos conscientes de nossos pensamentos, agora e sempre. Temos que pensar nas coisas que realmente queremos para nós, para o nosso sucesso e nossa felicidade.

É como a fé: sabemos que ela move montanhas.

Fé é acreditar e se conectar.

Então, fica claro que é o pensamento que dará lugar àquilo que queremos.

Façamos dos nossos pensamentos os melhores pensamentos.

Da nossa vibração a mais pura e melhor vibração.

Vamos nos esforçar para colocar, diariamente, somente coisas boas em nossas mentes.

Focar e pensar no que é melhor para cada um nós.

Vamos fazer um teste e mudar os pensamentos para melhor, a partir de agora?

Pense em coisas boas e acredite no seu potencial.

Estou torcendo por você!

RENASCER

O que você faria se soubesse que morreria amanhã?
Já pensou nisso?

Na vida a única certeza que temos é que um dia voltaremos para o nosso verdadeiro lar, para o plano espiritual. Aquele onde não há máscaras, nem maldade, disputa, inveja, traição, violência, corrupção, mentiras, injustiça e tudo mais.

Já parou para pensar que, após a nossa partida, a maioria das pessoas poderá não mais lembrar da gente?

Acredite, pois isso é verdadeiro!

Três meses depois da nossa ida, quem fica cuidará da sua vida, pois ela continua.

Repare como, durante a nossa existência, nos preocupamos em fazer o bem, gostar das pessoas, tentar agradar a todos, amar e ser amado, entre tantas outras coisas que fazem parte do nosso processo enquanto vivos. Claro que isso não é uma regra-padrão, porque existem pessoas que jamais vão nos esquecer!

Mas é por isso que temos que viver a vida (e viver de verdade!). Fazer o que queremos e gostamos, ganhar e gastar o nosso dinheiro, plantar coisas boas e fazer o bem, procurar deixar um legado bonito e que permita que a lembrança das pessoas sobre nós seja para sempre.

Limitamo-nos a tantas coisas, deixamos para depois o queremos fazer e estamos sempre adiando tudo e todos.

Vale a pena?

Pense que a morte chega quando menos esperamos.

E daí?

Fazer o quê?

Quando acontecer, é partir para uma nova vida, um novo ciclo, que é a vida espiritual.

Preparamo-nos para tudo nesta existência: para acordar amanhã e trabalhar, para sair de férias, para o final de ano, para formaturas-batizados-aniversários, para namorar e casar e para tantas outras coisas... porém, deixamos de nos preparar para a partida deste mundo, que pode acontecer a qualquer momento, não é mesmo?

Então, precisamos fazer do hoje o melhor dia da nossa vida.

É necessário fazer o queremos e gostamos, sem nos preocuparmos com o que os outros vão pensar. Temos que amar e ser amados de verdade.

Precisamos praticar o bem, estarmos sempre no caminho da luz e procurarmos sermos bons como seres humanos. Precisamos orar e vigiar.

Pedir perdão e perdoar.

Estarmos próximos, e mais tempo, dos que amamos.

Aproveitar a vida e fazer o queremos também é fundamental.

Já falou com alguém que estava no leito da morte?

Geralmente a pessoa diz que queria ter feito isso, aquilo e outro. Reclama de não ter feito coisas ou por ter deixado de fazer muitas outras. Às vezes, teve uma vida longa, de mais de 80 anos, e não conseguiu fazer. Essa pessoa poderá voltar ao plano espiritual frustrado, com muitos arrependimentos, por não ter feito tudo o que queria e imaginava.

Então, pense sobre tudo isso. Vale a pena uma reflexão!

Como está a sua vida neste momento?

O que gostaria muito de fazer e ainda não fez?

É feliz com a sua vida atual?

Come o quer?

Dorme o quanto gostaria?

Já viajou para onde queria ir?

Amou e foi amado de verdade?

Já perdoou a quem lhe machucou e magoou?

Pense e pense muito!

Se ainda não fez o que queria, está na hora de fazer. Não perca mais tempo! Até porque o tempo não volta mesmo.

Cada dia é um dia a menos em nossas vidas. Não pense que é um dia a mais, pois não é.

Vamos ser felizes, bons, verdadeiros, justos, corretos, humildes, livres para cometer todos os erros e acertos diariamente, desejar amor ao próximo e aprender muito com a vida.

Morrer não significa que tudo acabou, ao contrário.

O espírito é eterno e isso é o que muitas religiões pregam. Então, a vida continuará de outra forma, em dimensão diferente ou com uma nova proposta. E acredito que seja completamente diferente do que vivemos e sentimos aqui.

Claro que tudo vai depender para onde iremos, após deixarmos o corpo físico. Na realidade, vai depender muito do que fizemos aqui, de bom e de ruim, e de como fomos como pessoas e seres espirituais.

Têm pessoas que questionam o nível espiritual do outro. Pense consigo mesmo: "Como alguém pode cobrar ou questionar a espiritualidade do outro?". Isso é tão triste.

Temos que nos esforçar diariamente para sermos uma pessoa boa, melhorar a cada instante e procurar praticar o bem todos os dias.

Se não pudermos ajudar alguém, pode ter certeza de que podemos atrapalhar.

Não podemos usar nenhuma pessoa para nada em nossa vida.

Claro que ninguém neste planeta é santo, mas o julgamento indevido fere muito.

A mentira dói e corrói a todos nós.

O ideal é não ter nada que possa desonrar a nossa vida como pessoa, como ser e como espírito.

Nossa individualidade na busca da iluminação pertence a cada um de nós e a Deus, e a ninguém mais. Não podemos, por hipótese alguma, questionar o lado espiritual de outro ser. Isso é de cada um!

Claro que podemos tentar ajudar e conduzir as pessoas para o caminho do bem.

Agora, julgar ou ferir algo que é tão individual como a parte espiritual, jamais!

Coração é terra que ninguém anda e a evolução espiritual das pessoas é algo que não conseguimos e não podemos tentar medir, muito menos falar e questionar.

Para mim, o que importa é a essência e o íntimo de cada um, e o contato que precisamos ter com o poderoso Deus, que está dentro de nós.

Vamos fazer a nossa parte neste mundo, enquanto temos vida.

Vamos nos empenhar para fazermos o melhor que pudermos e nos esforçar para levantarmos a cada queda diária.

O mais importante é que estejamos preparados para a partida ou o retorno ao plano espiritual.

E quando chegar esse momento, que tenhamos o desapego do plano material e sejamos firmes na passagem, além da consciência e aceitação de que uma vida chega ao fim para começar outra, que poderá ser bem melhor, mediante ao que fizemos nesta.

A lembrança boa que deixaremos aos que amamos e ficarão aqui virá através do bom legado que tivermos construído durante a nossa existência, que é pequena, cheia de surpresas e com o objetivo de evoluir moral e espiritualmente.

Então, viva a vida!

Uma vida boa e honrada, agora e sempre.

Seja você de verdade, busque e construa as coisas boas da vida.

Toda pessoa pode ter a felicidade que quiser, a riqueza que merece e tudo de melhor que precisa para viver e passar por esta vida.

Quando falamos em morte, pode ser negativo. Mas quando falamos em RENASCER, parece ser mais tranquilo, não é?

Basta lembrar que todos os dias, ao acordar, estamos renascendo para mais um dia.

Então, faremos deste dia o melhor e o mais importante.

Vamos à luta!

PARE DE RECLAMAR HOJE MESMO

Já ouviu dizer que, de tudo o que reclamamos, Deus arruma uma forma de eliminar de nossas vidas?

Acredite que isso é mais que verdadeiro.

Reclamou, Deus tirou!

Deus acredita que não estamos felizes e como quer nos fazer felizes sempre, Ele elimina aquilo do qual reclamamos.

A vida é linda e apesar de todos os acontecimentos diários que fazem parte do nosso processo evolutivo, precisamos ver as coisas – boas ou não – como uma ponte para o nosso crescimento e desenvolvimento como seres humanos.

Temos que aprender a passar por qualquer situação com resignação e sabemos que não é fácil. Afinal de contas, nada é fácil! Viver é uma tarefa que exige muita sabedoria e pede muito de cada um de nós.

Cada dia é um dia, e as coisas e seus processos naturais vão acontecendo para testar nossa capacidade de evoluir, acreditar em dias melhores e aprender muito. Precisamos passar por todas as provas nesta existência para, desta forma, criarmos o hábito de parar de reclamar.

Pessoas felizes irradiam felicidade sempre.

Pessoas amadas e que vivem no amor vibram e transmitem amor.

Pessoas seguras têm segurança em tudo na vida.

Pessoas frustradas só sabem reclamar.

Pessoas más não param de murmurar e desejar o mal para os outros.

Pessoas do bem transmitem o bem.

Pessoas egoístas vivem em um processo egoísta.

Pessoas resolvidas só falam de coisas boas.

Pessoas sábias transmitem paz e sabedoria por onde passam.

Pessoas do bem vibram e vivem no bem.

Pessoas orgulhosas perdem a humildade e se afastam da divindade.

Pessoas problemáticas reclamam de tudo.

Pessoas de luz conseguem iluminar o caminho de todos.

Existem muitas formas de reclamar: verbalizando para si mesmo ou para os outros, respirando ou fungando, na expressão do corpo, e por aí vai.

A vida é tão curta para ficarmos presos a coisas que não valem a pena, concorda?

Deixar de viver uma vida feliz para reclamar de tudo realmente nunca será bom. Nem para a pessoa, nem para quem está à sua volta. Essas coisas contaminam e manipulam os demais.

Vamos ser felizes, vamos amar o próximo e a nós mesmos, lutar pelos nossos sonhos mais profundos, ser do bem, fazer e plantar o bem.

Vamos perdoar para sermos perdoados.

Precisamos aprender a trabalhar nossa humildade, atitude que não é fácil e deve ser uma prática diária. Temos que saber onde erramos e com quem erramos.

E o mais importante, parar de reclamar e parar agora mesmo.

Os desafios estão em nossos caminhos para ser superados diariamente. Eles fazem parte da vida...

Esqueça a raiva, a ira e o rancor. Esses sentimentos maltratam o ser humano e nos tiram do foco e do propósito do bem.

O ideal é trocar a palavra "RECLAMAR" por "AGRADECER". Faça este teste e você verá como a vida, em um piscar de olhos, irá se transformar.

Não tem universidade para aprender a viver bem e fazer tudo da forma mais correta.

Todos nós iremos errar e acertar muitas e muitas vezes.

O que não podemos fazer é persistir nos erros.

A escola que ensina a viver chama-se "VIDA".

E quando acertamos, devemos levar os bons exemplos para se viver melhor.

Mas reclamar, jamais. Tenha foco nas coisas boas, agora e sempre.

Costumo dizer que as coisas boas, neste mundo em total transformação, só virá para pessoas boas, do bem, esclarecidas, resolvidas, seguras de si e que não reclamam de nada. Então, vamos focar no bem e parar de reclamar de tudo?

Quando vier aquela de vontade de lamentar, olhe para trás e veja que tem pessoas que enfrentam problemas muito maiores e piores. Faça esse teste e você verá como não podemos reclamar.

Quando tiver alguém do seu lado reclamando o tempo todo, fale de coisas boas da vida e você vai perceber como a energia muda.

O mundo está mudando velozmente, o planeta Terra está evoluindo a cada dia e precisamos acompanhar essa transformação.

O ato de parar de reclamar irá nos conectar às coisas boas que estão acontecendo neste momento e nos conduzir para uma mentalidade de amor, sabedoria e luz.

Com certeza, deixar de reclamar é uma das principais transformações de nossas vidas. Isso provará que estamos felizes, satisfeitos e caminhando junto com a evolução do planeta.

Então, siga para frente e para cima, sem reclamações.

Lembre-se sempre: reclamou, Deus tirou!

MOMENTO DE CALAR OU DE FALAR

Quando é que precisamos ficar calados?

E quando necessitamos falar o que pensamos ou sentimos?

Essa é uma questão que precisa ser avaliada por cada um de nós e ser executada no momento certo.

Sabemos que temos dois ouvidos e somente uma boca. Isso já nos dá uma leve noção do assunto.

Precisamos pensar que, se nos calarmos, podemos passar a ideia de que não estamos por dentro ou não queremos dar a nossa opinião, que muitas vezes pode ser de extrema importância.

E se falarmos, que seja na medida certa, procurando dizer o necessário e de preferência, o que as pessoas querem e precisam ouvir.

As duas coisas são importantes para nós: calar e falar.

Temos que ter sabedoria para usar qualquer uma delas no momento correto e oportuno.

Tem gente que gosta de falar demais e outros não querem dizer nada.

Tem gente que é tímida e reservada. Até gostaria de falar, mas não consegue.

Existem pessoas que se calam para pensar e quando têm a oportunidade de falar, já passou o tempo e ninguém mais estará interessado em ouvir.

Todas essas questões precisam ser analisadas e, na realidade, devem ser feitas por todos nós.

Procuro dizer que, para tudo na vida, existe o momento certo.

E, quando formos falar, é importante que seja no tom certo e adequado.

Há pessoas que falam para uma como se estivesse falando para mil. O tom e o volume da voz são exagerados.

Outras pessoas falam para várias como se fosse para uma. Ninguém entende nada.

Tem gente que fala rápido demais.

Tem gente que fala muito devagar e fica cansativo.

Tem gente que quer holofotes e microfone para falar.

Outras falam da forma que precisa.

Tem gente que fala, fala, fala e não diz nada.

E há aqueles que colocam meia dúzia de palavras e dizem tudo.

Para tudo na vida é necessário didática, muita didática.

MOMENTO DE CALAR OU DE FALAR - 113

E o mais importante é perceber que há o momento de ouvir, ficando caladinho e prestando atenção, e também o momento de falar, com o objetivo de que as pessoas entendam claramente o que queremos e precisamos dizer. Apesar que existem muitas que se fazem de loucas.

No decorrer da vida, querendo ou não, vamos magoando as pessoas. Seja por falar muito, pouco ou nada. E aí?

Vai de cada um analisar, perceber, entender e mostrar um pouco mais da sua personalidade verdadeira. E a conversação permite isso!

A existência sempre irá nos trazer uma bagagem gigante de coisas, que serão experiências de vida, conhecimento, sabedoria, bom senso, criatividade, didática, dom de falar, dom de ouvir e por aí vai!

Dar conselhos é algo que deve ser feito somente quando solicitado. Então, não os ofereça se não forem pedidos.

Também não devemos pensar que somos sempre palestrantes, fazendo de nossa fala uma palestra e, muitas vezes, sem fim.

Na realidade, o ideal é não cansar as pessoas. E, ao mesmo tempo, respeitar o direito de cada um. Seja o de falar ou ouvir.

Tome cuidado com as interrupções desnecessárias. Por mais difícil que seja, é bom deixar as pessoas colocarem o seu raciocínio para fora.

Não podemos, de forma alguma, obrigar a pessoa a falar quando ela prefere ouvir. Jamais tente puxar a língua com a frase que você quer ouvir.

Para tudo tem o seu tempo, sabia?

Percebo que os relacionamentos estão cada vez mais complicados e confusos. Parece que as pessoas não querem mais se entender.

Nem todos os lugares e pessoas estão recheados de educação.

Os indivíduos estão colocando os seus medos, inseguranças e fracassos na conversação.

E a comunicação é a arte de viver.

O oportunismo, o querer aparecer, o achar que sabe mais que o outro e querer mostrar, muitas vezes, o que não se é, fazem parte da vida de vários seres humanos com quem precisamos conviver.

Vamos perceber que cada um tem o seu tempo, seja para falar ou ouvir. Que tudo deve e precisa acontecer no tempo certo.

Que muita gente está ansiosa e descontrolada e, claro, acaba usando isso na conversação.

Os bons modos precisam ser colocados em prática.

Ninguém sabe tudo e o suficiente o tempo todo e, muito menos, pode pensar que é melhor que os demais.

Estamos aqui no propósito de aprender a cada instante. E falar e ouvir são ferramentas de grande importância para mostrarmos um pouco da nossa personalidade, conduta e bagagem de vida.

Saiba que aquilo que falamos e ouvimos precisa ser dosado, com critério e bom senso sempre.

Nem eu, nem você somos donos da verdade. Portanto, vamos deixar que as pessoas sigam confiantes e felizes na hora de falar ou até mesmo de se calar para melhor ouvir.

O mais importante é entender que cada um tem a sua razão, cada um vê do ângulo que quer e consegue ver, cada um entende o que precisa, ouve e fala o que quer, pensa e acredita.

Se a pessoa quiser falar, deixe. Se quiser apenas ouvir, deixe também!

O respeito e entendimento pelo outro começam pela gente.

Então, vai a minha dica: não fale demais, nem se cale demais.

Certo?

A PROSPERIDADE

Esta palavra forte, mágica, misteriosa e excitante mexe de forma significativa com os seres humanos. As pessoas podem ou não ter sucesso em suas vidas, mas a prosperidade é algo muito atraente.

Não importa onde as pessoas estão, onde vivem ou o que fazem das suas vidas. A prosperidade é uma das palavras/energias que não saem da cabeça de ninguém.

Mesmo quem já é superpróspero quer ser cada dia mais.

Quanto mais se tem, mais se quer ter.

Obviamente que se isso for feito da forma correta, não será um problema no decorrer da vida.

Sabemos que a prosperidade é algo provocante demais. Muitas vezes, é tudo o que queremos para nós. E o grande erro está em querer tudo para agora, ser imediatista. Não é mesmo?

Todo mundo quer ser próspero ou, pelo menos, estar próximo ou conectado à prosperidade.

Vejo que, há muito tempo, o vento mudou de direção.

Comece a analisar e ver com outros olhos e por outro ângulo.

A prosperidade trocou de posição e, ao meu ver, está se distanciando de muitas pessoas.

Na realidade, o dinheiro no planeta está mudando de mãos a cada dia.

Mas tem muita gente que já sabe em que direção deve ir. Sabe como chegar até a prosperidade.

É claro que para quem muito é dado, muito será cobrado.

Vejo também que as pessoas boas estão se afastando das más.

Muitos dos jovens do mundo estão perdidos ou sem destino. Além disso, a maioria dos jovens é muito imediatista. Muitos só querem ficar ricos; trabalhar que é bom, nem pensar! E por ironia do destino, só vivem cansados... uma pena, porque existe tanta gente criativa, com potencial e com o canal da prosperidade aberto, mas que nem imagina como trabalhar isso.

Sabe aquela coisa de perder a chave no escuro e ir procurar onde está a luz? Não vai achar nunca!

Pessoas prósperas querem estar próximas a seres prósperos.

Pessoas felizes querem ir aonde está a felicidade.

A abundância se conecta à abundância, mais do que nunca.

O dinheiro vai para onde está o dinheiro. É como um rio: vai tudo para o mar, onde não precisa de água.

É claro que todos nascem com suas estrelas, só que umas brilham mais que outras.

Da mesma forma, acredito que muitas pessoas nascem com o canal da prosperidade aberto e, felizmente ou infelizmente, uns se tornarão prósperos e abundantes, enquanto outros, não.

Onde está o erro/defeito?

Vamos refletir juntos então!

Sabemos que Deus é o Pai de todos e como qualquer pai, sempre vai querer o melhor para os seus filhos. Deus quer que sejamos prósperos e que tenhamos muita abundância para viver uma vida boa, desejada, correta, honrada, com tudo o que queremos e precisamos.

Portanto, qual seria o erro daqueles que não conseguem chegar aonde querem e ter o que precisam?

Vejo que a primeira coisa chama-se "merecimento de vida".

A segunda é que a maioria das pessoas quer estar no lugar do outro e ter tudo o que ele tem. Com isso, elas se esquecem de estar no lugar delas e o mais importante, deixam de ser elas de verdade.

Realmente o mundo é outro. O planeta Terra se encontra em outro momento de total transformação, crescimento, aprendizado e evolução. O universo está mais seletivo do que nunca.

Há pessoas que têm tudo o que querem ter. Outras não têm nem um pouco do que gostariam.

Então, vamos a algumas dicas que precisamos saber para sermos prósperos e abundantes. Ainda temos muito tempo para chegarmos lá.

Primeiro, vale lembrar que ser próspero não significa ser feliz. Mas ser feliz, aí sim, significa ser próspero de felicidade.

Cuidado em querer usar as pessoas. Nunca use alguém, em nenhum momento de sua vida. Isso poderá afastá-lo de vez do caminho da prosperidade.

Se quiser colher coisas boas (prosperidade), comece agora mesmo a plantar coisas boas, para ter uma colheita abundante logo mais.

Viver de sonhos não fará de você um indivíduo próspero. É necessário ser mais realizador do que sonhador. Acorde para a vida agora mesmo.

Deixe de contar vantagens a seu respeito para os outros.

Cuidado para não ostentar demais, ainda mais se for algo que você ainda não conquistou.

Não faça amizade somente pelo status e dinheiro que o outro tem.

Não minta sobre você, ainda mais naquilo que você não tem ou não é. Pessoas prósperas costumam ser inteligentes e espertas.

Não tenha vergonha de ser o que você é. Nunca, ok?

Não seja negativo e pessimista. Pelo contrário, seja grandemente otimista.

Procure acreditar mais em você e menos nas pessoas. Nunca sabemos o que elas querem de nós.

Pare de reclamar da sua vida, de uma vez por todas.

Procure agradecer e agradecer por tudo, todos os dias.

Cuidado com quem irá se relacionar. Pode ser um amigo, um conhecido e até mesmo um namorado.

Ficar com alguém ou se casar por dinheiro poderá lhe trazer um problema sério nesta existência ou na próxima.

Quer ser próspero? TRABALHE e TRABALHE muito. Acorde cedo e vá à luta.

Ajude as pessoas que lhe pedirem ajuda. Muitas vezes, passamos por vários testes durante a nossa vida.

Procure ser humilde o tempo todo. Tendo pouco ou muito dinheiro, seja humilde sempre.

Falando em dinheiro, saiba lidar muito bem com a energia gerada quando ele chegar e permanecer em sua vida. Ela pode ser muito perigosa.

Saiba que a prosperidade não está no outro. Ela vem do alto, lá do universo. Temos que abrir esse canal mágico e poderoso que está no meio de nossas cabeças e que nos conecta a essa energia dourada que vem do alto. Na realidade, as melhores coisas estão lá em cima. Olhe, sinta e se conecte agora mesmo.

Existem muitas maneiras de conexão com a prosperidade. O ideal é cada um descobrir a sua forma e fazer acontecer do jeito mais puro, correto, verdadeiro, merecido e de luz.

Não importa como o outro conseguiu essa conexão! O melhor é fazermos da nossa forma, com a nossa descoberta e se possível, com a orientação de quem quer e pode nos ajudar.

O objetivo é que, a partir de agora, você jogue fora todo o sentimento de inveja que já teve ou tem de alguém. Tire isso de dentro de você. Liberte-se dessa energia que só o afastará da prosperidade.

O que é do outro não pertence a nós.

E achar que o outro tem alguma obrigação com a gente é desnecessário, perda de tempo e de energia.

O universo precisa de um tempo para orquestrar os nossos pedidos e, é claro que ele sabe, melhor que ninguém, o que é do nosso merecimento.

Para mim, ganhar dinheiro de forma lícita e com trabalho árduo não é um problema. O problema está na forma como vai aplicar e gastar o dinheiro.

Vejo tantas pessoas querendo se dar bem na vida de qualquer forma, custe o que custar. Isso não é adquirir prosperidade; é ser oportunista! E de oportunismo, o mundo está cheio.

Temos que pensar e repensar em tudo!

Todos nós podemos ser prósperos e abundantes. Podemos ter tudo aquilo que almejamos.

Percebo que, cada vez mais, coisas boas acontecem para pessoas do bem. Vamos ser bons de verdade?

Então, vamos focar naquilo que queremos e que poderá ser nosso por direito divino.

Vamos ser prósperos e abundantes a partir de agora.

RIQUEZA E POBREZA

O que cada um tem de riqueza material ou de pobreza vem de acordo com o seu merecimento de vida. Pode ter certeza!

Resumindo, cada um tem o que merece ter.

Ser RICO ou ser POBRE é algo muito particular e que muitas vezes, passa a ser mais uma atitude espiritual do que material.

Na realidade, a pior pobreza que uma pessoa pode ter é a pobreza de espírito.

O importante é não ter vergonha da sua condição econômica, se tiver pouco dinheiro, e caso seja rico, não achar que é pior ou melhor que os outros.

Existem pessoas pobres e felizes, ao mesmo tempo que muita gente rica pode ser infeliz e frustrada.

Tem gente que tem tanto dinheiro, mas tanto dinheiro, que a única coisa que ela tem na vida é dinheiro. Triste, não é?

Ter é diferente de ser. Tem pessoas com muito e não são nada; por outro lado, existem aquelas que não têm nada e conseguem ser muito.

Prefiro afirmar que a maior riqueza que podemos acumular nesta vida louca e cheia de inveja é a riqueza espiritual. Essa sim, nenhum ladrão nunca roubará da gente, acredite.

Em uma única vida, pode-se ficar pobre e rico várias vezes. É um teste da vida, até que se dê o valor necessário e correto ao uso do dinheiro.

Ganhar dinheiro não é problema, desde que o ganho seja de forma lícita, honesta e com muito suor. O maior problema é como se gasta o dinheiro e é por esse motivo que cada um será cobrado, quando deixar esta vida e chegar no plano espiritual. Muitos querem fazer fortuna enquanto estão vivos, pensando que o que vale é a parte material e financeira que conquistaram na Terra.

Qualquer um pode ter riqueza e fortuna. Basta querer, lutar e trabalhar muito para conquistá-las. O universo está aí, conspirando a favor de cada um de nós. O ideal é nunca ficar de olho no que o outro tem, pois o que o outro faz ou como ganha dinheiro é problema ou sorte dele. A casa que cada um tem, o emprego, o carro, as viagens que faz, as roupas que usa, o estilo de vida que leva e a conta bancária sempre serão do outro.

Muitos perdem uma vida inteira preocupados com o que o outro tem ou faz e, com certeza, deixam passar grandes oportunidades de atrair riqueza e prosperidade.

A inveja pode destruir o ser humano no decorrer de sua existência. Ela é uma energia escura, pesada e que deve ser eliminada de dentro de cada ser.

Se você ainda não descobriu o caminho do sucesso e da fortuna, respeite quem já chegou lá. Fique feliz pelo que as pessoas adquiriram e você verá como a sua vida pode mudar rápido. Vibre positivamente pelo sucesso do outro!

Ouço e vejo tantas coisas chocantes: pessoas que querem se dar bem de qualquer forma, que pensam em se casar e dar o golpe, que passam a vida usando as pessoas, que não respeitam o merecimento de abundância alheio e por aí vai.

Claro que cada um é único, cada ser é um ser e temos que respeitar o desejo do próximo. Se pudermos ajudar de alguma forma, será benéfico e válido.

Veja o caso de pessoas que ganham herança. O herdeiro geralmente gasta toda a fortuna e em pouco tempo, pode ficar sem nada. Sabe por quê? Não houve empenho, trabalho e suor para adquirir os bens. Reflita sobre isso!

Todos nós, seres humanos, podemos ter tudo o que queremos e desejamos para ser felizes, prósperos e abundantes. Basta lutarmos pelo que queremos. Na realidade, acordar cedo e ir à luta é o principal ingrediente do sucesso.

Vejo jovens, não tão jovens assim, que ainda moram com os pais, nem ligam para as despesas mensais e ainda aproveitam de todas as situações. Não é um julgamento, mas, sim, uma realidade do mundo em que vivemos. É para pensar!

Basta analisar as pessoas que acham que tudo tem que ser de graça: o cabeleireiro, a academia, as caronas sem gastar combustível, viajar sem pôr a mão no bolso e tantas outras coisas assustadoras. Como é que pode? Tudo tem um valor na vida. Tudo tem o seu preço. Todos estudam, investem, montam suas empresas e trabalham muito, pois precisam trabalhar. Nada tem que ser de graça para ninguém, pois nada cai do céu, não é mesmo?

Quem tem condições pode e deve ajudar quem não tem. Basta estar interessado em ajudar. Isso faz parte de viver em comunidade e dar a mão a quem precisa. Claro que, hoje em dia, é preciso tomar cuidado em relação a quem iremos ajudar, colaborar e estender a mão. Às vezes, damos a mão e a pessoa quer o corpo inteiro. Muitas vezes, quanto mais você dá, mais o outro quer receber. Nem tudo o que é dado é bom o suficiente para aqueles que recebem.

RIQUEZA E POBREZA - 123

No mundo moderno, ninguém quer mais dar algo ao outro. Achar uma pessoa que possa ajudar, dar emprego ou presentear é quase que ganhar na loteria.

O mundo se tornou um lugar com várias pessoas egoístas, egocêntricas e orgulhosas. Concorda?

Em muitas situações e para várias pessoas, é só "venha a nós". Ao vosso reino, nada!

É fato que ninguém chega sozinho aonde quer e precisa. Todos os seres humanos precisam de ajuda, apoio e auxílio de alguém para encontrar sucesso e riqueza. É de extrema importância saber aonde se quer chegar e trabalhar muito, sem usar ninguém como trampolim. Se, por sorte, você teve a ajuda de alguém para chegar lá, ser grato é fundamental. A ingratidão está tomando conta do mundo e, por esse motivo, muitas pessoas já não querem mais ajudar.

É muito bom sonhar, mas o mais importante é lutar para que o sonho se torne realidade. Mais do que nunca, isso exige trabalho árduo e diário.

É importante crescer, prosperar e chegar ao sucesso com sabedoria e humildade.

Para quem muito é dado, muito será cobrado.

Cada um será responsável pelo que fez e fará com a fortuna material adquirida nesta vida.

Não permita que alguém esteja consigo por interesses materiais e para usá-lo. Isso pode ser doloroso demais lá na frente.

Por mais que saibamos que o universo vai cuidar dos oportunistas e interesseiros, a sensação de ter sido usado pode não ser uma boa experiência.

Cada um tem e sempre terá o que merece e aquilo que fez por merecer.

Outra coisa fundamental é fazermos circular uma parte do dinheiro recebido, de preferência, ajudando os que amamos. Quanto mais segurarmos o dinheiro, menor a possibilidade de vir mais. Temos que sempre abrir um espaço para as coisas novas entrarem, sabia?

Procure não ser avarento consigo mesmo e com o próximo. Quer comprar, compre. Quer ajudar, ajude. Quer comer coisa boa, coma. Quer viajar, viaje. Mas não se arrependa na sequência. Tudo o que vem para nós precisa circular e se movimentar junto ao universo, que nunca está parado. Tudo é energia e o dinheiro não passa de uma grande energia. Para alguns, uma energia positiva e para outros, negativa.

Tenho uma amiga que diz que as pessoas só conseguem ver as pingas que tomamos, mas ninguém vê os tombos que levamos. É verdade!

Então, você pode ter Riqueza ou Pobreza, pode ser muito Rico ou muito Pobre. Tudo isso depende unicamente de você, do que está fazendo de bom ou de ruim, de que forma está conduzindo a sua vida, do seu merecimento como ser humano, de como está tratando o mundo e as pessoas, de como está desenvolvendo o seu trabalho. Sua atitude de vida conta muito: como é o seu coração, a sua verdade perante Deus, sua gratidão pelas pessoas e pelo universo. Veja de que forma você está dividindo o que ganha e como está ganhando o seu dinheiro. É importante saber que tudo é emprestado nesta existência: a vida que temos, o corpo que nos foi dado e tudo o que ganhamos de material. Ao deixarmos o corpo físico, toda essa energia emprestada voltará para o universo e será redistribuída entre os demais seres vivos.

Deus quer que sejamos prósperos, abundantes, ricos, bons, justos, humildes e felizes. Então, depende de cada um de nós, agora e sempre!

Quer ser próspero? Erga as mangas, acorde cedo, trabalhe muito, lute por aquilo que você quer, fique feliz com que o outro conquistou e plante coisas boas todos os dias. Desta forma, em breve você terá uma colheita justa e necessária.

E lembre-se: a vida passa rápido, então temos que ser muito velozes, sem esquecer de sermos verdadeiros, gratos e humildes.

Vamos conquistar o que queremos e ter o que é nosso por direito divino. Vamos à luta!

Boa sorte nesta empreitada que se chama "Viver com Sucesso, ser Próspero, Abundante e Feliz".

A RAZÃO DE SER

Tudo na vida tem uma razão de ser e sempre terá!
De certa forma, todo mundo também tem a sua razão. Do ângulo que cada um vê e da forma que pensa, toda pessoa tem as suas razões.

Se quisermos ver sob o ângulo do outro, temos que nos colocar no lugar do outro. Isso não é difícil.

Basta entendermos que não somos os únicos a ter razão.

"TODOS SÃO O QUE SÃO E ESTÃO ONDE ESTÃO POR UMA ÚNICA RAZÃO".

Já pensou nisso?

Se ainda não, está na hora de pensar!

Será que estamos fazendo algo para nos mudar internamente?

Antes de querermos mudar o mundo, é necessário mudarmos a nós mesmos. Tudo fica tão mais fácil!

Vejo que a vida é cheia de mistérios e também cheia de oportunidades, não é mesmo?

O nosso amanhã depende muito do que fizermos hoje e, claro, do que fizemos ontem. Não temos como fugir disso.

Aí entra a razão de sermos o que somos neste momento, concorda?

Temos que fazer o nosso melhor, erguer a cabeça e seguir em frente, agora e sempre.

O médico faz o diagnóstico da doença, mas o tratamento será do paciente. Faça essa autoanálise.

A razão de ser sempre terá uma grande razão para ser.

O importante é não ficarmos presos ao passado para não nos tornarmos seres depressivos. É necessário não ficarmos loucos querendo saber e prever o futuro. Isso vai nos deixar cada vez mais ansiosos! O importante é o agora, é o presente, onde as coisas realmente acontecem.

Quando trabalhamos o nosso íntimo e o nosso espírito, conseguimos perceber um pouquinho dos "PORQUÊS". Conseguimos entender as razões das coisas serem como são, o motivo de estarem acontecendo e da forma que acontecem.

Não canso de afirmar que o mundo é outro. O mundo mudou e continua mudando. O planeta evoluiu por um propósito e uma grande razão.

Agora, a transformação virá de cada um de nós.

Vamos nos aceitar como somos e seguir pelo caminho da salvação, da luz e do sucesso? Que tal?

Vamos nos conectar às coisas boas do planeta.

Vamos vibrar nas energias puras do universo.

Vamos acreditar que DEUS está dentro de cada um de nós e que somos seus filhos amados.

Vamos praticar o bem, sempre.

Vamos ser bons e do bem.

Vamos trabalhar para a melhoria do planeta.

Vamos criar oportunidades para sermos felizes e para que o próximo possa ser feliz também.

Vamos ser prósperos e abundantes. Isso não tem problema algum.

Vamos doar um pouco do nosso tempo para fazermos algo de bom para o planeta e para os seres humanos que estão aqui.

Vamos vibrar positivamente.

Vamos buscar ajuda toda vez que precisarmos.

Vamos nos conhecer melhor para, assim, conseguirmos entender melhor as pessoas que convivem conosco.

Vamos procurar errar menos e acertar mais.

Vamos deixar de achar que somos melhores que os outros.

Vamos analisar sempre as nossas condições e possibilidades.

Vamos deixar de cuidar da vida dos outros.

Vamos perdoar a quem nos feriu e permitir que os outros possam nos perdoar também.

Vamos resolver os nossos problemas diários da melhor forma, sem culpar ninguém por eles existirem. Isso faz parte do nosso processo de aprendizado, amadurecimento e crescimento como seres de luz.

Vamos perceber os nossos defeitos e mostrar mais as nossas qualidades.

Vamos nos atentar que todo mundo tem razão.

Vamos deixar de achar que somente nós temos razão.

Vamos analisar que a razão do outro é muito diferente da nossa.

Enfim, a razão é o ponto de vista de cada um.

Aceite ou não, cada um está com a sua razão.

Vamos refletir juntos?

Acredito fielmente que todo mundo tem razão.

A BAGAGEM

Durante o percurso da vida, o ideal é carregarmos aquela bagagem que suportaremos carregar.

Mas, muitas vezes, somos surpreendidos pelos excessos da vida.

O que é demais sempre nos cansará e demoramos para perceber que foi desnecessário fazer tanta força, passar por tanto sofrimento e tanta dor.

Somos nós que temos que definir o tamanho, a cor, a forma e o peso de cada bagagem a levar. E, também, o tempo e a distância para carregar algo que poderá nos deixar exaustos na caminhada da vida ou até impedir a chegada.

O mais importante é termos certeza daquilo que queremos carregar.

Vamos levar o que cabe no coração.

Depois de todo o suor derramado, não adianta questionar ou reclamar.

Muitas vezes, queremos ser aquela "Patona" que coloca todos os patinhos debaixo de suas asas, de tanto que queremos cuidar e proteger, não é mesmo?

Tudo o que é demais cansa e impede uma caminhada leve e sadia.

Além disso, tem pessoas que poderão não valer o suor derramado para que sejam carregadas.

Ir junto, crescer junto e prosperar junto é uma coisa. Agora, ter que carregar um ser preguiçoso, pesado e que não está nem aí para o mundo é completamente diferente.

Vamos analisar o que vale ou não a pena.

A estrada da vida é longa, tem muitos obstáculos, tem dia, noite, frio, calor, primavera, verão, sol, chuva, pedras, espinhos no caminho e tudo mais...

Às vezes, a paisagem é linda; outras vezes, não.

Às vezes, estamos sentados num belo e confortável carro; outras vezes, estamos a pé e descalços sobre as pedras.

Essa é a estrada da vida, pela qual todos nós temos que passar.

Quando conhecemos o melhor caminho, é claro que podemos levar as pessoas que querem e merecem chegar lá. O importante é tentar perceber o merecimento delas e se estão prontas e preparadas para ir um pouco longe, ou muito longe.

Tenha certeza que ninguém entra em nosso caminho sem um motivo justo.

Cada pessoa é uma pessoa. Cada pessoa vive um momento. Temos que analisar e respeitar isso!

Tem gente que já descobriu o caminho faz tempo.

Tem gente que precisa ser orientada para ir na direção certa.

Tem gente que é preguiçosa e não sai do lugar.

Tem gente que só vai se for de carro e de preferência, de luxo.

Tem gente que descobre o caminho certo e leva uma multidão.

Tem gente que é o espelho e a referência para as pessoas pegarem a estrada certa.

Tem gente que fica na estrada, guiando e ajudando quem passa.

Tem gente que respeita o opinião de quem não quer ir naquele momento.

Tem gente que simplesmente não quer ir e não vai.

Tem gente que vai e vai reclamando o tempo todo.

Tem gente que, quando percebe, já está lá.

Tem gente que demora muito para chegar.

Tem gente que chega logo.

Tem gente folgada.

Tem gente insegura do caminho a seguir.

Tem gente oportunista, que só vai se for nas costas de alguém.

Tem gente que vai pelo amor.

Tem gente que vai pela dor.

Tem gente que cansa e desanima logo.

Tem gente que não quer pular os obstáculos da vida e da estrada.

Tem gente persistente.

Tem gente que simplesmente segue para chegar logo.

Tem gente que passa por cima de todos para chegar rápido, sozinho e primeiro.

Tem gente que coloca muitas pessoas nas costas e leva todos, feliz da vida e sem reclamar.

Tem gente que não sabe agradecer os apoios que recebe pelo caminho.

Tem gente ingrata na estrada.

Tem gente egoísta, que descobre o caminho logo e não leva ninguém, nem avisa como chegar.

Tem gente boa na estrada.

Tem gente ruim na estrada.
Tem gente ignorante em relação ao caminho certo a seguir.
Tem gente que se acha a mais importante da estrada.
Tem gente chata que encontraremos e só falarão chatices durante o trajeto.
Tem gente que até está no caminho certo, mas é tão arrogante e orgulhosa que dá pena.
Tem gente de todos os tipos, todas as idades, raças, religiões, classes sociais, de todas as diferenças e indiferenças.
Tem gente rica e pobre, gente bonita e feia, gente equilibrada e desequilibrada, gente próspera, gente arrogante, gente chata, gente oportunista demais, gente educada e mal-educada, gente fina, gente do bem e do mal, gente positiva e negativa, gente agradecida e gente-gente-gente.
Todos nós precisamos pegar e seguir a estrada da vida. E não podemos querer ficar pegando atalhos. Tem que ser a estrada que realmente precisamos caminhar.
Nesta estrada da vida não tem Waze, nem GPS.
O que levaremos nesse caminho deve ser uma decisão de cada um de nós.
Lembre-se que quanto mais peso, mais demora para chegar.
E, com certeza, encontraremos de tudo no caminho, além de muitas e muitas pessoas.
Temos que ser justos conosco, buscar orientação de quem conhece melhor a estrada e ser agradecidos a estas pessoas depois.
No momento certo, temos que parar para o descanso, com responsabilidade e sem demorar muito nessa pausa.
Sempre com a certeza de que chegaremos ao final da estrada e que o caminho nos ensinará muitas coisas, colocando-nos em contato com as melhores energias do universo e de Deus.
Querendo ou não, todos nós teremos de pegar essa estrada da vida!
Na realidade, já estamos nela faz tempo.
Essa estrada é o caminho da transformação, inspiração e evolução de cada ser.
Portanto, faça deste caminho o melhor, o mais importante e o mais puro.
Vamos seguir em paz e com muita fé.

Tenha certeza de que, lá na frente, tem muitas coisas boas e lindas à nossa espera.

Temos somente que levar o necessário e o que aguentarmos carregar. Não se esqueça!

A bagagem virá de nossa escolha e nossa decisão.

Boa sorte em sua caminhada e que ela tenha muita paz e luz.

REFORMANDO A NOSSA VIDA

Neste mundo louco, moderno e veloz em que vivemos, precisamos mudar diariamente os ingredientes de nossa vida, para que possamos viver melhor e em harmonia conosco e com todos os que estão ao nosso redor.

Para isso, é preciso mudar a nossa conexão, nossa vibração e forma de pensar. Pensamentos bons e positivos nos fazem pessoas melhores, especiais e brilhantes.

Viver não é uma tarefa fácil e, cada vez mais, exige muito mais de nós.

Uma fruta só cai da árvore se estiver madura ou for derrubada, não é mesmo?

E as pessoas só atiram pedras naquilo que as incomoda!

Vejo tantas pessoas querendo ser outras e deixando de ser elas mesmas!

Por que será? Quanta perda de tempo!

Temos que refletir diariamente se estamos no caminho certo e, o mais importante, se estamos cumprindo a programação de vida estabelecida por nós.

Cada dia é um dia e precisamos treinar muito o nosso olhar – o olhar da alma.

Ou seja, é preciso olhar sempre em 360º. Isso é importante nos dias de hoje.

Sabemos que nem todos que vivem e convivem conosco estão a nosso favor. Temos que prestar atenção agora e sempre nessas coisas da vida!

É necessário calçar a sandália da humildade todos os dias. Agora mais do que nunca!

Quando magoamos alguém, precisamos pedir perdão. Na realidade, também temos que perdoar a quem nos feriu. "PERDOAR E DAR A VOLTA POR CIMA". Isso muda tudo, pode ter certeza.

Pessoas especiais agem de forma especial e obtêm resultados especiais.

Só que a maioria das pessoas age como a maioria. Portanto, obtém o resultado da maioria.

Podemos e devemos ser pessoas especiais, sem precisar falar quem somos e o que temos aos outros. As pessoas é que precisam notar a especialidade de cada um.

Não adianta ter uma máscara linda. Ela pode cair em algum momento, revelando quem é a pessoa em sua essência.

E as máscaras estão caindo a cada dia. Já percebeu isso?

É claro que todos nós temos qualidades e defeitos. Basta refletirmos sobre cada um deles e trabalharmos para melhorar.

Ninguém é perfeito no planeta Terra, assim como ninguém é melhor que ninguém.

Deus sempre tem um plano para nós e o universo está conspirando a nosso favor o tempo todo, para que os planos divinos se concretizem.

Uso sempre um mantra poderoso: "SÓ QUERO PARA MIM O QUE É MEU POR DIREITO DIVINO".

O ser humano nasceu para vencer, ser próspero, brilhar e ser mais que especial. Acredite!

Percebo como é importante que cada pessoa se conheça como um ser divino, e que descubra e mostre seus potenciais para o mundo. Isso vale ouro!

Pessoas do bem se conectam ao bem e recebem muitas coisas boas do universo.

Pessoas especiais serão sempre especiais, aqui ou em qualquer lugar do planeta.

O poder de transformar o mundo para melhor está em nossas mãos e nos fará especiais para o universo.

Nossas inseguranças, muitas vezes, fazem com que a gente se mostre de uma forma e afirme o que não somos.

Temos tantos poderes em nossas mãos e acabamos desperdiçando. Vale a pena pensar nisso!

Lá fora, há diversas oportunidades para todos os seres humanos e todas estão à nossa espera, mas muitas vezes, não conseguimos nos conectar a essas belas oportunidades.

Será que é normal que a gente jogue grandes oportunidades fora?

Durante a nossa passagem por este planeta, conheceremos poucas pessoas especiais, aquelas que realmente gostam e se preocupam conosco. E são essas pessoas que devemos manter por perto.

A vida passa, as coisas passam e as oportunidades vão embora.

A forma mais pura para sermos especiais e mostrarmos o nosso caráter e personalidade para o mundo está em nossas mãos.

Daí vem a importância de conhecer, aceitar e amar a si mesmo, sabendo como são seus defeitos e qualidades. É necessário ver que todos nós temos um lado especial e que devemos ampliá-lo com sabedoria.

Ser inteligente não significa ser especial. Ser rico ou pobre, idem.

Porém, ser bom, fazer o bem, ser honesto, justo e humilde; isso sim poderá fazer de alguém um ser muito especial.

A transformação do planeta chegou. E a do ser humano, quando chegará?

Acredite se quiser, mas existe muita gente boa e que já está se transformando em ser de luz no planeta. Vamos embarcar nesta também?

Todas as pessoas especiais que passaram pelo planeta marcaram a sua passagem de alguma forma.

Entretanto, as pessoas poderosas e milionárias que por aqui passaram e só fizeram mal, a elas e aos outros, ou deixaram de fazer o bem, talvez não tenham deixado nenhuma marca positiva.

Precisamos lapidar o nosso caráter, trabalhar e mostrar uma personalidade verdadeira.

A vida é assim: um dia empatamos, perdemos no outro e, em alguns dias, ganhamos.

Precisamos treinar (e treinar muito!) para sairmos daqui vitoriosos.

Todo mundo, sem exceção, tem os seus problemas, suas razões, suas lutas e batalhas, seus conflitos, dores e medos, suas dúvidas, mágoas e inseguranças e seus momentos difíceis. Vamos trabalhar isso da melhor forma.

Se não é bom para nós, vamos eliminar de nossas vidas!

Todo mundo quer colo e atenção. Todo mundo quer ser especial, não é?

Então, vamos colocar os melhores ingredientes em nossas vidas e em nosso dia a dia. Vamos ser pessoas melhores a cada instante, tornando-nos pessoas mais que especiais para o planeta e para o universo.

Vamos nessa?

FASES DA VIDA

Todos nós mudamos a cada dia.

Ao envelhecermos, vamos gostando de novas coisas e talvez, deixando de gostar de outras.

Ficamos mais autoconfiantes e, muitas vezes, mais belos.

Aprendemos mais com a vida, e o ideal é ir deixando as mágoas de lado.

Conhecemo-nos e aceitamo-nos melhor, entre tantas outras mudanças.

No processo de evolução do ser humano não pode existir regresso. Podemos até ficar estacionados em uma existência, mas regredir, nunca. Isso é lei divina!

Somos chamados todos os dias a melhorar e a nos transformar como seres.

Vai de cada um estar atento ao chamado e querer modificar a si mesmo; é a tal da reforma íntima.

Podemos transformar os nossos defeitos em qualidades, sabia?

Podemos e devemos ser pessoas melhores amanhã. Basta um CLICK!

É preciso deixar de ser sonhador e ser mais realizador.

Uma árvore, quando apodrecida por dentro ou com as raízes doentes, dificilmente produzirá frutos.

Pense nisso!

Tem pessoas que querem mais do que merecem. E nem sempre fazem por merecer.

O mundo está aí, repleto de oportunidades.

Vamos nos transformar e ir de encontro à felicidade.

É claro que a evolução de cada ser faz parte do seu processo e da sua vontade.

Nada pode interferir no livre-arbítrio de cada indivíduo.

Quando o assunto é prosperar, vejo que nem todos os seres estão preparados para dar voos altos. É uma grande pena!

A verdade mais pura é a verdade que está na consciência e no íntimo de cada um. Dessa verdade, ninguém nunca consegue se esconder. E é ela que um dia irá nos julgar.

O ideal é deixarmos de nos olhar somente por fora e começarmos a reparar mais no nosso interior.

Saber dos nossos desejos internos e perceber a luz que temos em nosso íntimo e que, por vários motivos e até mesmo por causa da nossa conduta, fica um pouco apagada.

A conexão com Deus é muito importante para percebermos o que está dentro de cada um de nós. Orar e vigiar é de extrema importância para atrairmos coisas boas e do bem.

Perdemos tanto tempo com pequenas coisas da vida e que realmente não valem a pena, não é mesmo?

O importante é ter fé e acreditar sempre. Cada um deve acreditar em seu potencial e em sua força.

E, também, é preciso estarmos de olho em nosso plantio e sabermos a colheita que faremos logo mais. Hoje, mais do que nunca, o universo nos cobra sobre tudo. Dessa justiça maravilhosa, ninguém irá escapar.

É importante perceber que a vida é feita de desafios diários. Temos que ser fortes e não reclamar jamais.

O mundo está cheio de pessoas infelizes e frustradas. Não podemos embarcar nesta viagem e nem ficar nessa fila.

Para alcançarmos um lugar ao sol, depende unicamente de cada um de nós. Além do mais, o Sol nasce todos os dias para toda a humanidade.

Não permita que alguém lhe use, fazendo de você um degrau para subir na vida. Da mesma forma, não faça isso com ninguém, em hipótese alguma.

Na vida, sempre estaremos no meio. Sabe por quê?

Para darmos a mão a quem está embaixo e para sermos puxados por quem está em cima. Pense nisso!

Outra coisa importante é saber que nada cai do céu, a não ser a chuva. Ainda mais nos dias de hoje.

Na atualidade, para termos algo de bom na vida, é necessário sermos bons e fazermos o bem. Tenha isso como um grande propósito de viver.

A vida vai ensinar e cobrar o que aprendemos com ela e pode transformar todos nós em seres muito melhores.

Portanto, estamos em mudança permanente. Cada fase é uma fase!

Vamos viver hoje, fazendo o melhor e aproveitando esta linda oportunidade de viver.

Vamos lá?

A SUBIDA

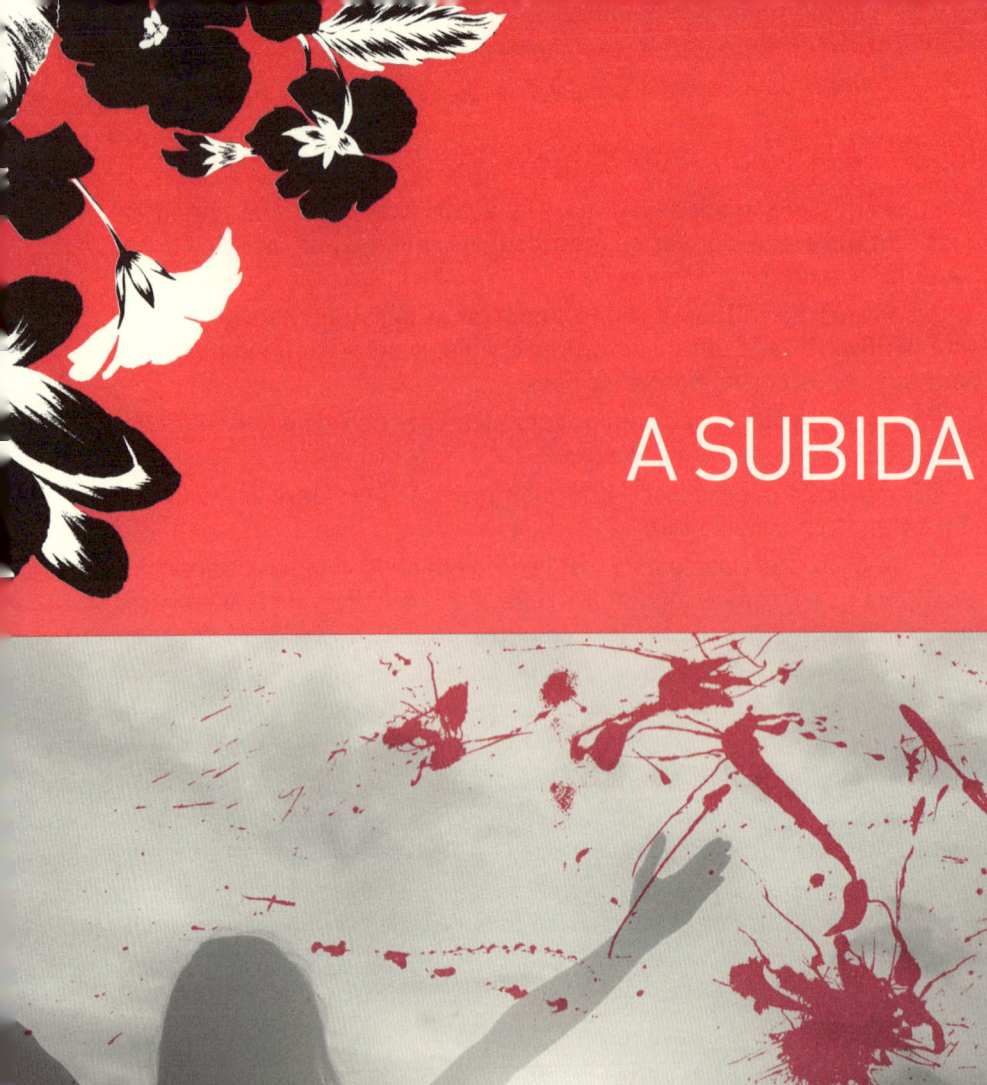

A vida é cheia de degraus, sabia?
É uma subida diária, gigante, cansativa e não podemos desanimar nunca.

Sabemos que é uma escalada sem tamanho e sem fim. Todos os dias, temos que olhar para o próximo degrau, querer subir e ter força para continuar a subida.

É essencial parar de olhar para o degrau que está lá em cima e deixar de fantasiar a subida. Vamos subir um degrau de cada vez, agora e sempre com força e fé.

Deixe a moleza de lado e se esforce para ir adiante.

Cada um está na sua caminhada, na sua busca, no seu processo, na sua jornada e no seu momento. Devemos respeitar isso!

Cada um tem os seus degraus para subir e não pode desanimar!

Existem todos os tipos de degrau; o importante é cada um olhar e se conectar ao seu. O degrau do outro é do outro.

Se o meu degrau é de madeira e o do outro é de mármore, não importa. Cada um com seu merecimento de vida.

O importante é subir com força, fé, persistência e coragem. Sem lamentar!

Quando chegarmos lá em cima, o que vai contar será o suor derramado no decorrer da subida.

Sabemos que a escalada não é fácil para ninguém. Ela é grande e árdua.

Mas não podemos desistir, é preciso ter foco. Acreditar em si mesmo e buscar muita força do alto para seguir por cada degrau.

Pare também de olhar o degrau em que o outro está!

Para mim, uma das coisas mais importantes é a gratidão por cada degrau que avançamos e a quem nos deu força ou inspiração para subirmos. Infelizmente, as pessoas esquecem de agradecer a tudo e a todos. A cada degrau que conseguimos subir, é preciso agradecer e agradecer muito. E se alguém nos ajudar um pouquinho na subida, temos que ter gratidão plena. A ingratidão paralisa os seres de tal forma que atrapalha muito o seu processo evolutivo e sua subida. A ingratidão é uma energia não favorável e deve ser eliminada das nossas vidas.

Não importa a profissão, a beleza ou o dinheiro que se tem na conta corrente. Todos, sem exceção, precisam subir as escadas e enfrentar os degraus da vida.

Quer aprender e evoluir? Precisa subir!

Mas não se faça de coitadinho, lamentando a escada alta ou as centenas de degraus que ainda estão por vir. Não quer subir, sente e espere o tempo passar. Ficar questionando, jamais.

A vida não é e não está fácil para ninguém.

O planeta está evoluindo e precisamos arrumar forças e subir sem reclamar. Assim, evoluiremos juntos com o universo.

Tem coisas que ninguém nunca poderá fazer por nós e essa escalada é uma delas. É como ir ao banheiro: pode-se estar doente ou com dor, mas deu vontade, tem que ir. Reflita!

Cada um está no planeta por uma única razão: querer estar aqui. Foi nossa a escolha de estarmos vivos nesse momento (turbulento, inclusive) e com tantas coisas acontecendo ao mesmo tempo.

Então, já que estamos aqui, vamos fazer direito e seguir adiante, ou melhor, continuar a subir.

Não podemos perder tempo na vida e na escalada. Cansou? Sente, descanse e depois continue.

Se precisar, peça ajuda.

Mas o passo será seu, ninguém poderá colocá-lo no colo e subir consigo.

Nesse quesito, vejo que muitos pais estragam seus filhos, querendo proteger e ajudar demais. Agora não, pois a escalada é individual.

Ficar de longe vendo a escada também não levará ninguém a lugar algum, nem até lá em cima.

Deus é o nosso mentor e grande companheiro nesse processo de subir cada degrau e chegar mais perto Dele. Temos que nos conectar a Ele o tempo todo.

E para cada degrau, um novo desafio e esforço.

Realmente é um teste que passamos diariamente de querer subir e ir mais alto.

Viver e aprender fazem parte do processo de cada um.

Se o outro sobe rápido, parabéns para ele.

Se o outro se cansa rápido, o ajudamos.

Se o outro só reclama da subida, talvez seja necessário manter alguma distância dele.

Se o outro é ingrato, oramos por ele.

Se o outro não é bom e do bem, é um problema dele.

É assim que temos que agir, nesta busca louca que precisamos enfrentar sem lamentar.

Todos os dias, recebemos diversas informações com o tema que diz que "o poder de mudar o mundo está em nossas mãos". Concordo plenamente! Mas acredito que, primeiro, temos que mudar a nós mesmos e a nossa vida, nossa essência, nosso íntimo e nossa forma de subir.

Temos que ser pessoas melhores a cada dia, agir corretamente com todos, sem mentiras, sem maldade, sendo bons e fazendo o bem (sem importar a quem). Temos que perdoar o tempo todo, estar no melhor propósito de vida e tantas outras coisas, que bem sabemos quais são.

Pode ter certeza que essa conduta será um grande impulso para subirmos os degraus e seremos um grande exemplo para quem está quase desistindo da subida.

O que falta na humanidade é mais amor-próprio e, também, amor pelo próximo.

Falta acreditar mais em seus potenciais e, também, ser mais humilde.

Todos vamos errar e errar muito.

Todos nós ficaremos cansados em algum degrau e querendo desistir da subida. Essas coisas fazem parte e temos que ser firmes e fortes o tempo todo.

Tenha certeza de que cada degrau que subimos foi mais uma vitória nesta existência.

Às vezes, precisamos aplaudir a nós mesmos. Já somos vitoriosos por estarmos aqui.

E se não formos bons o suficiente, desta consciência também não escaparemos.

Acredito fielmente que lá em cima tem um vista linda para a vida e que há muitas coisas boas à nossa espera. Tem luz para irradiar o nosso espírito e tantas outras coisas maravilhosas que nem conseguimos imaginar.

Então, vamos ter força e continuar a subida?

Vamos deixar o cansaço de lado e persistir todos os dias para atingir mais um degrau?

O poder para chegar lá está em nossas mãos. Ou melhor, em nossos pés, pois são eles que farão a caminhada.

Temos só que escolher o melhor caminho e a melhor forma de subir os DEGRAUS DA VIDA.

Boa sorte em sua subida.

SINTONIA

Esta palavra louca e misteriosa significa aquilo que atrai as pessoas e as conecta com o universo.

Mas pode ser perigosa também, ainda mais neste momento que todos falam em crise, guerra e tantas outras coisas negativas.

Na realidade, temos que nos sintonizar às coisas boas: no amor, na esperança, na fé em Deus, na luz, nos amigos verdadeiros, na família e em tudo que possa corresponder e nos levar para o caminho do bem.

Claro que nem todos os dias estamos bem. Os nossos pensamentos vêm e vão em fração de segundos, e é aí que mora o perigo.

O que pensar?

O que fazer?

Como agir?

Quando não queremos mais ver um canal, pegamos o controle e mudamos. Não é mesmo?

Temos que fazer desta forma com os nossos pensamentos e com a nossa vida.

É fácil? Claro que não!

É um trabalho diário que exige muito de cada um de nós.

Se entramos numa frequência negativa, coisas negativas começam a acontecer. Já percebeu isso?

É como amar ou odiar alguém. Os nossos pensamentos, nossa vibração, vão colocar força ao sentimento.

Portanto, às vezes é bom sair, se ocupar de coisas novas e boas, encher a cabeça e a vida de coisas diárias, procurar ser útil aos demais e fazer coisas novas e boas.

Parar de pensar em coisas ruins para que elas não sejam atraídas, conversar com pessoas que estão vibrando e sintonizadas no bem, desligar a TV e parar de ver as tragédias do telejornal, e por aí vai.

Ajudar o próximo que está bem próximo é uma tarefa maravilhosa e surpreendente. E sempre que fazemos algo pra alguém, estamos antes fazendo para o universo e ele estará nos devolvendo.

Nós, seres humanos, somos tão pequenos, mas com uma capacidade gigante de mudarmos a nós mesmos e, assim, contribuir para a mudança do mundo.

Então, vamos lá! Vamos acreditar que o mundo, o Brasil, os políticos e as pessoas podem mudar a cada instante.

Vamos acreditar que nós começaremos a mudar tudo a partir de agora, começando por nós mesmos.

Vamos acreditar que existem amizades verdadeiras, que o amor está no ar, ter certeza que ele existe e está bem perto de nós.

Crer que temos uma vida linda e saudável e somos prósperos de tudo que o universo está querendo nos enviar todos os minutos.

Só de ler e sentir poucas palavras, já mudamos nossa vibração e entramos em outra sintonia. Percebeu?

Imagine agindo desta forma todos os dias?

A vida será completamente diferente em pouco tempo, pode ter certeza.

Então, vamos lá!

FÉ em DEUS, muita FÉ em você, FÉ no Brasil e PÉ na tábua.

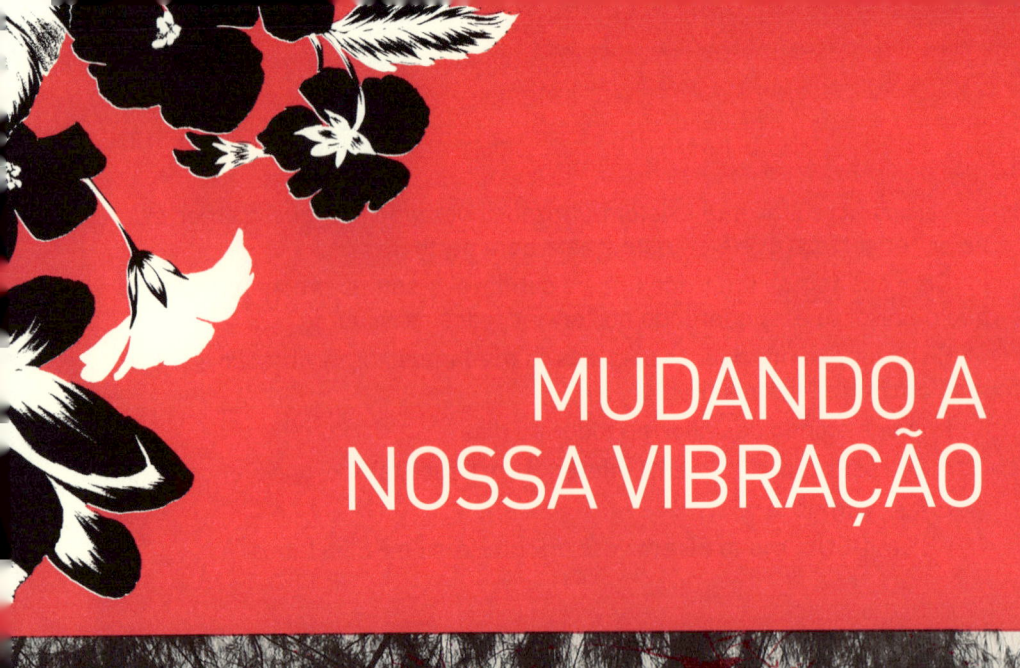

MUDANDO A NOSSA VIBRAÇÃO

Em nossa viagem pela vida, que é dura, globalizada, moderna e com tantas provas diárias, nada melhor do que parar um pouco, pensar bastante, refletir e analisar o que realmente é importante para cada um de nós.

Saber onde queremos chegar e o que faremos, quando chegarmos lá.

Entender que cada um tem o que merece. Se queremos ter algo melhor, devemos nos esforçar, para sermos melhores a cada dia.

Saber a decisão correta que precisamos tomar quase diariamente. Isso não é nada fácil...

Somos tão pequeninos perto da imensidão do universo, que nem temos esta noção.

Na realidade, não somos muita coisa, somos apenas um grão de areia no deserto. Pode ter certeza disso!

Nem nos conhecemos direito; não temos a verdadeira ideia do que somos e nem sempre sabemos o que realmente se passa dentro da gente.

Como não conseguimos administrar os nossos sentimentos, é quase impossível mudar as coisas que estão no nosso íntimo.

A nossa emoção se torna uma grande turbulência com esta vida louca e os problemas diários que atraímos para nós.

E o controle do que devemos pensar?

Muitas vezes, está longe do que desejamos!

E, mesmo assim, queremos saber mais que os outros, queremos mudar os outros, sem nem conseguirmos saber o realmente somos.

É importante mudar as "nossas" coisas primeiro.

Cada dia é um dia, cada momento é um momento...

Entender, de verdade, que o que não é bom para a gente também não é para o outro.

Temos que aprender a aproveitar as oportunidades que o universo nos envia de mãos beijadas e, quase sempre, não damos o valor necessário.

Para quem muito é dado, muito será cobrado.

Entender que cada um de nós tem total responsabilidade pelas nossas ações.

A vida realmente é feita de momentos, que podem ser bons ou ruins, felizes ou infelizes, vitoriosos ou com derrotas.

Acertar a sintonia de paz e amor realmente não é fácil.

Estar no propósito do bem o tempo todo também não é...

Por isso a importância de estarmos equilibrados, o que também é tarefa difícil.

A loucura da vida consegue roubar o que temos de mais precioso: nosso tempo e nossa saúde.

Nossos medos conseguem afastar os momentos felizes e nos trazem grandes problemas.

A falta de sabedoria impede de tomarmos a decisão correta.

Não ter DEUS no coração nos afasta da luz e da nossa evolução moral.

Acertar a receita de viver melhor realmente não é fácil, nada fácil.

O egoísmo, o ego e a nossa vaidade nos deixam doentes e nos distanciam das pessoas do bem.

É muito bom amar o próximo e os que estão bem próximos da gente, mas às vezes se torna doloroso querer ter posse demasiadamente.

Para sermos vitoriosos neste momento delicado e de Crise Global, frequentemente ficamos distantes da família e dos amigos.

Vejo que é necessário um STOP, uma terapia e uma ajuda do alto.

Basta lembrarmos que estamos no planeta Terra, que é confuso e com pessoas em processos evolutivos completamente diferentes.

É importante termos a certeza que toda ação gera uma reação. Cada um colhe o que planta. E disso não iremos conseguir fugir, nunca.

A situação política está afastando as pessoas e fazendo delas inimigas.

Cadê a democracia?

Cadê o direito do pensamento individual?

Vivemos em rede, e um pensamento ruim ou de dor nos conecta aos outros seres, gerando as mesmas situações.

De qualquer forma, o que tenho certeza, é que o AMOR muda tudo, equilibra o ser, fortalece as energias, une as pessoas, muda a energia do planeta, nos coloca em contato com DEUS.

Uma pena, em nossa curta passagem pelo planeta, só conseguirmos amar poucas pessoas e sermos amados por menos pessoas ainda. Talvez, as que mereçam o amor verdadeiro.

Tão difícil no mundo moderno, a humildade é que nos coloca no caminho do bem, SEMPRE.

Precisamos entender que cada um é único, na sua essência, no seu íntimo e no seu espírito.

Cada um de nós está aqui, neste momento louco e de transformação, por decisão própria, por querer estar e para se transformar.

Então:

Vamos vibrar no bem e pelo bem.

Vamos amar com toda a intensidade e sem querer nada em troca.

Vamos ajudar o próximo, que às vezes está bem próximo e precisa de muita ajuda.

Vamos tentar entender que todas as pessoas que passam por nossas vidas têm um motivo justo, divino e que não é por acaso.

Vamos mudar a nossa sintonia e colocar os bons pensamentos a favor do bem, da nossa saúde e da humanidade.

Vamos aprender a viver melhor e da melhor forma.

Vamos ver o mundo com outros olhos.

Vamos começar a ver as coisas boas que acontecem diariamente no mundo, que são muitas.

Vamos ser felizes de verdade, ou pelo menos tentar.

Vamos nos conectar à energia mais pura e mais iluminada do universo.

Vamos tentar perder menos tempo na vida, que passa rápida demais.

Vamos dar mais valor para as pessoas que nos amam de verdade.

Vamos tentar nos equilibrar a cada dia.

Vamos usar o nosso precioso tempo para construirmos algo que seja bom e verdadeiro para cada um de nós.

Vamos orar bastante e tentar nos tornar pessoas melhores a cada dia.

Vamos encontrar o DEUS que tanto buscamos e precisamos.

Assim, conseguiremos mudar um pouquinho dentro da gente, melhorar um montão de coisas fora de nós e no planeta que vivemos.

Não é mesmo?

AFIRMAÇÃO POSITIVA: VIBRE POSITIVAMENTE SEMPRE

Gratidão deve ser a palavra de ordem!
Diga sempre, para si próprio:

Só tenho a agradecer, por ter uma vida boa, próspera, correta, honesta, honrada, dedicada, com saúde e cheia de propósitos.

Agradeço por estar focado no bem, por ser uma pessoa boa, por ter trabalho, por aproveitar as oportunidades e as coisas boas da vida, entre tantos outros itens que fazem parte do meu merecimento e do meu viver.

Sou grato por estar aqui aprendendo um pouco a cada dia e me transformando em um ser melhor.

Ao amanhecer para um novo dia ou iniciando um novo ciclo, desejo muito que ele venha cheio de coisas boas, energias puras e positivas. Que eu tenha mais garra, muita disposição, saúde total e muita força, fé e persistência.

Que eu tenha sempre um excelente compromisso com o planeta e com os seres que nele vivem.

Que nunca falte dedicação ao meu trabalho e que o dinheiro sirva para eu poder honrar os meus compromissos.

Que eu esteja sempre rodeado de pessoas boas e do bem.

Que venha muita paz e luz, e tudo de melhor para mim e a quem estiver ao meu redor.

Que eu possa semear e colher sempre coisas boas, prósperas, lindas, mágicas e preciosas.

Sou grato e agradecido pela minha existência.

Tenho muita vida, saúde, felicidade e total disposição para enfrentar o mundo em que vivo.

Obrigado Deus, Universo, Família, Amigos, Espiritualidade e a todos que gostam e cuidam de mim!

E sempre estarei pronto para "TOCAR" e me "CONECTAR" com o "UNIVERSO" e com tudo de bom que nele existe.

Deus sempre no comando.

Que assim seja!

Amém!

A VIDA É UM MILAGRE

Acredite sempre em uma coisa muito verdadeira e pra lá de importante: a vida é um grande milagre. Nunca duvide disso!

A despeito da forma que ela se apresenta para cada um de nós, a vida é e sempre será um milagre divino.

Passamos uma existência inteira tentando entender a vida e seus mistérios.

Por que será?

Ser infeliz é muito fácil! As pessoas se acostumam com essa energia negativa e que cria tantas tristezas, desilusões e frustrações.

Agora, vibrar nas coisas boas e seguir o caminho ao encontro da felicidade são para quem quer e espera tudo de melhor que a vida pode lhe oferecer.

É importante focar nas coisas positivas, agora e sempre.

Não desanime, jamais. Crie e recrie circunstâncias boas e diárias para se viver melhor.

Esteja sempre em harmonia consigo mesmo, com as pessoas e com o mundo.

Mostre sua luz e seu brilho para a humanidade.

Precisamos mudar o padrão vibracional e nos policiar o tempo todo.

Temos que sair da rotina negativa e dolorosa e buscar a paz de espírito de que tanto precisamos e que pode estar a um palmo de nós.

Acredite: para tudo na vida existe uma solução!

E, muitas vezes, as soluções para resolvermos os problemas estão em lugares para onde não costumamos olhar. Por isso, olhe a vida por outro ângulo. Ou melhor, olhe sempre em 360º.

Em nossos pensamentos, o ideal é permitirmos entrar somente coisas boas, excelentes vibrações e energias puras. Sabemos que não é fácil, mas é o exercício de "orar e vigiar", que precisa ser praticado diariamente.

Temos que nos amar e amar a vida a cada instante. Temos que nos curtir ao amanhecer e nos apaixonar por nós mesmos ao entardecer. E na madrugada, permaneça agarradinho com você. Querendo ou não, na maior parte do tempo de cada existência, seremos nós nossa própria companhia!

Precisamos nos conectar às coisas benéficas da vida. E saiba que existem muitas coisas lindas para a nossa conexão com o que existe de melhor no universo.

Vibrar e estar ligado ao bem é primordial para a construção da nossa felicidade.

Temos que dar liberdade somente às coisas puras em nossa caixa cerebral. O comando é de cada um!

As necessidades de aprender e evoluir são fundamentais para o nosso processo evolutivo.

Então, não podemos desistir de nós, da nossa bela vida, dos nossos sonhos e daquilo que nos faz bem.

É necessário correr atrás do que nos deixa felizes e jamais desistir daquilo com o que sonhamos.

Se pensamos em algo ou alguém mais de uma vez por dia é porque queremos para nós. Não desista do seu objetivo, nem deixe de pensar nele. Pode ser o que ou quem for. Reflita sobre isso!

Os grandes milagres da vida estão em aprender a perdoar, ser bom e praticar o bem, trabalhar a humildade todos os dias e desenvolver o amor por si mesmo, pelo próximo e pelo planeta. Essas coisas são essenciais para nós, seres humanos.

Vamos entender que, independentemente da nossa vontade, tudo passa e sempre passará.

O que não é para ser sairá do nosso caminho por algum motivo. E aquilo que tem que ser nosso, o universo cria várias possibilidades para chegar até nós.

Não queira ser vítima do destino. Não seja mais um ser frustrado e desiludido, pois já tem muitos por aí. Aprenda a se amar e se ame de verdade, com todas as suas forças.

Tenha fé em Deus e muita fé em si próprio.

Claro que iremos nos aborrecer, ficar tristes e tantas outras coisas em nossos dias. Mas... bola pra frente, sempre.

Acredite que viver é e sempre será um grande milagre.

Seja você sempre e de verdade e aproveite a vida da melhor forma possível.

Somos o que pensamos e alimentamos todos os dias.

O melhor está por vir, a felicidade o espera e isso só depende de você.

Seja um grande guerreiro do seu projeto existencial.

Seja luz e amor.

E lembre-se: você é melhor do que imagina ser.

Tenha fé em Deus!

Tenha fé na vida!

Tenha fé em você!

COISAS BOAS DA VIDA

Na loucura da vida esquecemos de fazer coisas que são tão importantes... deixamos de olhar para os lados, ouvir, sentir, perceber coisas e até mesmo notar as pessoas e saber que podemos fazer a diferença na vida delas, com pequenas coisinhas.

Outro dia, em pleno feriado de 12 de outubro, estava na fila dos caixas de um grande hipermercado e passei por uma atendente toda atenciosa, bem-humorada, feliz por estar trabalhando às 22h e muito simpática. Quando cheguei na frente dela, ela me olhou nos olhos e foi logo falando que eu me parecia muito com uma pessoa que ela acreditava trabalhar com moda e que escrevia alguns textos que ela gostava muito de ler e compartilhar. Ela disse meu nome e sobrenome. Não sei o porquê, mas não consegui dizer a ela que eu era a pessoa que ela dizia com tanto carinho.

Pelo fato de, no meu trabalho, eu estar quase sempre nos bastidores, geralmente são as pessoas do meio da moda que me conhecem. Algumas acabam me conhecendo por gostarem ou acompanharem o meu trabalho, que faço com muito amor, dedicação e total profissionalismo. Uma vez ou outra, em lugares públicos e longe das minhas grandes produções, alguém pede para tirar uma foto, quer um abraço ou ficar um pouquinho perto de mim. Agora, o que me chamou atenção naquela caixa de olhar puro e sorriso estampado, foi o fato dela ler os meus textos, falar que compartilha e dizer isso com tanto carinho, por eu me parecer com a pessoa que, pelo visto, ela admira. Isso sim me deixou muito feliz. Voltei radiante para casa e a primeira coisa que fiz foi escrever este texto.

Sei que não somos nada nesta vida, sei que somos um grão de areia no deserto. Tenho consciência disso e de muitas outras coisas.

Falar é o mesmo que escrever e com palavras, podemos ajudar ou destruir alguém, sabia?

Quando faço uma palestra ou escrevo algo, por mais que eu tenha um grande auxílio espiritual, faço isso com muita responsabilidade, tentando colocar todo o meu amor, dedicação e atenção, mesmo nas palavras mais difíceis que farão alguém pensar e refletir. Uma palavra pode mudar a vida de alguém. Pense nisso!

Eu já errei tanto com as palavras! Já devo ter magoado muitas pessoas, a quem me resta pedir perdão.

Claro que somos seres humanos e estamos no planeta Terra e, por isso, estamos sujeitos a erros e acertos todos os dias. Podemos amar e ser amados, mas também, ser odiados por uma palavra mal-empregada ou mal-entendida/compreendida.

Claro que cada um muitas das vezes entende, se conecta e percebe o que quer. Fazer o quê!

Apesar de ser uma figura pública devido ao meu trabalho, quando estou longe dele eu ainda prefiro ficar na minha, longe dos holofotes, dentro da minha casa ou viajando por aí.

A maioria das pessoas quer usar os outros seres, aproveitar do que eles têm de melhor ou podem oferecer e simplesmente, em algum momento, dá as costas e é ingrata. Isso dói bastante e o melhor é fazermos coisas que, mesmo à distância, possam mudar a vida das pessoas de alguma forma e tentar sempre que sejam com boas palavras.

Muitas pessoas forçam e querem ver o lado ruim de nós, seres humanos. E como não somos anjos e estamos longe de ser, podemos criar desafetos e magoar alguém. Então, o ideal é sermos como os pássaros e o vento: eles simplesmente espalham as sementes e são verdadeiros multiplicadores. Mesmo sem eles saberem o que estão fazendo (se é que não sabem), estão espalhando sementes pelo planeta e contribuindo muito para o bem, a multiplicação e renovação da Terra.

E nós, o que estamos fazendo para melhorar o mundo e a vida das pessoas?

Talvez, nada!

É bom ter esse autoconhecimento e saber que podemos fazer a diferença agora e sempre, pelo menos na vida de uma pessoa.

Além do mais, é importante se conhecer internamente, se esforçar para contribuir com os demais de alguma forma, pois o mais difícil em estar vivo é ser bom e fazer o bem.

E, também, vencer os nossos medos, o orgulho, o egoísmo, a vaidade e o ego. Sem vencê-los, dificilmente seremos alguém.

Tente não guardar mágoas, ressentimento e ódio. Trabalhe o perdão e tente trilhar o caminho do bem, fazendo sempre coisas boas, mesmo que sejam pequenas.

E para aquela caixa de supermercado, que muitas vezes ouve e sente o mau humor de pessoas que ficaram um bom tempo na fila, foi ótimo ter esse retorno dela. Deixou-me feliz e com mais vontade de tentar, de alguma forma, ser um pequeno pássaro ou um pouco de vento para levar algumas sementes. Mesmo sabendo que elas poderão cair em algum território árido, tenho certeza e a fé que irão germinar, brotar, nascer, crescer, dar flores, frutos e suas sementes serão levadas por outros pássaros ou por outro vento. Isso é, para mim, a continuação da vida e a multiplicação das coisas boas. Vejo que é dessa forma que a gente se espiritualiza e chega um pouquinho mais perto de Deus.

Fico feliz pelo que ouvi e, com certeza, sempre arrumarei um tempinho para escrever e registrar coisas que sinto, que estou vivendo e aprendendo para crescer.

Beijo carinhoso à caixa sorridente, que lê e compartilha os meus textos.

NOSSA CONDUTA PARA O NOVO MUNDO

Será que estamos fazendo a coisa certa neste novo mundo, que está no grande movimento da Nova Era?

O planeta está indo para outro nível a cada dia, e muitas pessoas ainda estão com a mesma postura, conduta, comportamento e pensamento.

Claro que muitas vezes não sabemos o que é certo e correto a se fazer, mas o errado, pode ter certeza que todos nós, sem exceção alguma, sabemos.

Os tubarões nadam sempre devagar, até precisar atacar, não é mesmo?

O ideal é irmos na mesma vibração, acompanharmos o movimento do bem, estarmos esclarecidos, transformarmo-nos a cada dia e seguirmos o caminho certo e verdadeiro da evolução do planeta e de nós mesmos.

Se o outro pode, eu posso e todos também podem.

Se o outro consegue, eu consigo e todos podem conseguir também.

Assim é evoluir e se espiritualizar.

Mas o que falta em nós é sintonia, ânimo, muita vontade de ir adiante, propósito para evoluir e conseguir o que queremos.

Veja algumas coisas que não podemos continuar fazendo nesse novo mundo:

- » Mentira – saiba que nada no universo esconderá a verdade.
- » Ser omisso – não sei o que é pior: mentir ou omitir.
- » Ser desleal – ainda tem muita gente nessa energia ruim.
- » Preguiça – está aí algo que paralisa o ser humano.
- » Maldade – para que vibrar e viver essa energia pesada? O ideal é nunca focar no mal. Ser maldoso nos desconecta da luz. E não adianta fazer mal ao próximo que um dia voltará para nós mesmos.
- » Aproveitar das pessoas e das situações – pode ter certeza que isso nunca valerá a pena e não levará ninguém a lugar algum.
- » Usar os outros – essa energia é totalmente desnecessária.
- » Ficar na ignorância – é viver como um poste: parado e sem vida.
- » Não ser humilde – é algo que impedirá a boa caminhada.
- » Ser egoísta – deixe de uma vez por todas esse mau hábito.
- » Ser orgulhoso – outra coisa que empaca a nossa evolução.
- » Ser injusto – quantas vezes caímos nesse mesmo buraco!

- Não aceitar as coisas da vida – temos que aceitar as coisas como elas são e nos esforçarmos para, aos poucos, nos mudar internamente. Assim, mudaremos as coisas.
- Viver na grosseria – ainda persistimos nesse grande erro.
- Ser depressivo – o que passou, passou. Temos que deixar lá atrás. Vamos viver o presente, onde as coisas acontecem.
- Se achar o melhor – temos que ser bons no que fazemos e não achar que sempre somos os melhores.
- Perder tempo – é ficar parado e não conseguir ir adiante. Mesmo porque as coisas e o tempo não costumam voltar e é bom pensar nisso.
- Guardar todo o dinheiro e morrer para outros gastarem – vale a pena?
- Ser ofensivo – temos que nos policiar sempre.
- Ser truqueiro – isso sim é um grande defeito.
- Falta de amor – temos que ter excesso de amor. Quanto mais, melhor!
- Alimentar o ódio – irá nos destruir por dentro, pode ter certeza.
- Não perdoar – olha as doenças se instalando no corpo físico!
- Ignorar os fatos – temos que analisar os fatos e tomar a decisão correta.
- Desrespeito – energia que agride o outro e jamais será boa.
- Trapacear nos negócios – tudo que emitirmos para a vida, ela irá nos devolver.
- Ser cruel – não fazer com o outro algo que não queremos que seja feito conosco.
- Ingratidão – isso sim é triste demais. Vamos repensar tudo?
- Ser inútil – tem tanta coisa para ser feita todos os dias. Além disso, o mundo quer que sejamos sempre úteis e podemos ser.
- Ser crítico demais – não vale a pena.
- Ser desonesto – é preciso mudar esse pensamento.
- Atrapalhar a vida do próximo – quando fazemos algo para o outro, estamos fazendo para nós mesmos!
- Vingança – realmente não vale a pena. Temos que entregar para o universo e ele cuidará de tudo.
- Ser convencido demais – quem somos mesmo? Pense!
- Intolerância – esse é um grande mal da gente, né?

- » Infidelidade – hora de repensar também!
- » Ter bens materiais para somente impressionar os outros – grande bobagem! Não levaremos nada desta vida.
- » Ser chato – já não chega o monte de chatos que tropeçamos diariamente por aí?
- » Viver reclamando – está na hora de mudar a frequência. Reclamou, Deus tirou!

E tantas outras coisas, que bem sabemos quais são.

A falta de amor, de humildade e de caráter fere o ser como um todo e atrapalha muito no seu processo evolutivo, e dificilmente ele acompanhará a evolução do planeta.

Ferimos pessoas e somos feridos no decorrer da vida, e nem nos damos ao luxo de pedir perdão. Vamos pensar mais?

Queremos nos iluminar, nos transformar e nos espiritualizar para estarmos mais perto de Deus, mas são tantos obstáculos que atrapalham essa nossa caminhada, que é necessário percebermos mais as coisas. É preciso olhar em 360º sempre, estar atento e conectado a esse mundo moderno e de total transformação e, claro, tentar acompanhá-lo de alguma forma. Caso contrário, ficaremos para trás e talvez não teremos mais tempo e oportunidade. O tempo passa, a vida passa e o tempo voa, e temos que ser velozes a cada dia.

É agora ou nunca.

Evoluir é um processo individual e ninguém poderá fazer isso por nós. Encontraremos pessoas para nos dar as coordenadas, mas o principal sempre virá de cada um de nós.

Temos que refletir mais e buscar a iluminação de nossas vidas e do nosso caminho. E vamos eliminar aquilo que não nos faz bem.

E lembrando que podemos ir além; basta querermos e mudarmos um pouquinho a cada dia. Então, começaremos por hoje!

A nossa vida é feita de detalhes e oportunidades, precisamos perceber mais e não perder tempo.

Então, vamos tirar do nosso caminho e das nossas vidas tudo aquilo que não é bom e está nos atrapalhando em evoluir como seres puros e de luz.

E lembre-se que cada um de nós é e sempre será responsável pelo que pensa, faz, age e manifesta para o mundo!

Vamos respeitar cada ser como ele é, já que conhecimento pode não ser total sabedoria.

Vamos lá então?

Boa sorte para todos nós!

VAMOS SER FELIZES

Sabemos que ser feliz é diferente de estar feliz.
E ser feliz é o mais compensador de todos os sentimentos.
E, também, que ninguém tem felicidade em sua volta 24 horas por dia, mas podemos criar várias oportunidades para sermos e estarmos felizes sempre.

Cada um de nós tem uma forma de ser feliz, de encontrar e viver a felicidade.

Às vezes, a felicidade está em pequenos detalhes que nem conseguimos perceber.

Fazer o que gostamos é um grande passo para a construção da nossa felicidade.

Não devemos nos preocupar com o que os outros pensam ou falam da gente. Assim, podemos ficar bem e felizes, longe de análises e comentários maldosos.

A felicidade e as oportunidades estão na rua. Por isso, é importante sair de casa, encontrar pessoas e trocar ideias, experiências e boas energias.

Precisamos analisar que tipo de pessoa nós gostaríamos de ser.

Vamos pensar em sermos pessoas felizes?

Acredito que a realização de vida proporciona felicidade e nos deixa de bem com a nossa existência.

Agora, maltratar-se, enganar-se e ficar em um quarto escuro... pode ter certeza que não trará a felicidade que você precisa.

Os pensamentos precisam estar focados em coisas boas. Isso gera boas energias e nos conduz para a atmosfera do bem, resultando em felicidade.

Tem tantas coisas boas no mundo e que nos permitem estar felizes e radiantes, não é mesmo?

Tem tantos seres de luz que podem nos colocar no caminho da felicidade!

Temos que nos conectar a essas pessoas iluminadas e trilhar o caminho da felicidade e da luz.

Para mim, não basta ser feliz; é preciso transbordar toda felicidade que existe dentro da gente.

Vamos focar nas coisas boas do mundo, atrair pessoas boas para perto, vibrar no bem e estar com o coração e mente abertos para receber as coisas boas. Vamos ser úteis aos demais, fazer o que queremos fazer, trabalhar no que gostamos, comer o que temos vontade, viajarmos mais, estarmos conectados no bem, amar e sermos amados, e tantas outras coisas que nos fazem bem.

É preciso ser feliz e criar oportunidade para que as pessoas que estão ao nosso redor sejam felizes também.

A nossa vibração vai construir a nossa felicidade.

A nossa intuição e sensibilidade irão favorecer para estarmos no astral da felicidade.

Os nossos bons pensamentos irão nos trazer felicidades.

O bom humor irá proporcionar momentos felizes.

Estando abertos para as coisas boas da vida, ficaremos felizes.

São tantas as coisas boas que podemos nos conectar para sermos felizes!

Então, vamos em frente, no sentido correto, para recebermos todas as maravilhas que o universo tem a nos dar.

Ser feliz é uma questão de escolha; é a conexão da fé e das nossas boas atitudes.

Vamos vibrar no bem e atrair coisas boas para nós e para o planeta.

Pensar grande é ser grande, pensar em alegria sempre proporcionará felicidade.

Estar bem consigo mesmo, estar em paz e ser alegre é tudo o que precisamos para vivermos bem. Claro que é importante ser uma pessoa do bem. Isso soma positivamente para cada um de nós.

Ser feliz é recompensador demais, tenha certeza.

Vamos traçar, então, os nossos planos e com foco na felicidade e no bem-estar.

Assim, poderemos ir ao encontro da felicidade e dos momentos felizes.

Bora ser feliz?

Boa sorte!

OS MOMENTOS

Durante a vida, passaremos por vários e vários momentos.

Na realidade, tudo é momento.

Agora é um momento especial e pode ser que seja exatamente o momento para transformarmos a nossa vida para melhor.

E seja qual for o momento, precisamos respeitá-lo e vivê-lo.

Ah, viver o momento é muito necessário.

Já pensou nisso?

Há momentos de sorrir e de chorar, de ir e de voltar, de ter alegrias e infelizmente, tristezas, de ganhar e de gastar, de ser carinhoso e de ser carente, de ouvir e de falar, de vitórias e de derrotas, e tantas e tantas coisas que bem sabemos.

Temos que respeitar o momento que passou e que se foi. E por mais que doa, ele não voltará mais.

Temos que nos conectar ao momento presente e, agora, esse sim é o mais importante. E esse momento que estamos vivendo não será o mesmo de amanhã.

Sabe aquele momento de paixão ardente, quando estamos vivendo um grande amor?

Queremos que ele nunca acabe! Até pensamos que o mundo deveria parar. Mas ele vai passar e talvez sobre somente a saudade.

Teremos momentos para tudo na vida, tudo mesmo.

Teremos momentos únicos também.

Teremos momentos péssimos e esses não deverão ser guardados dentro de nós.

E teremos momentos de explosão de felicidade. Aí sim, devemos guardá-los para sempre.

Costumo dizer que a vida é como as montanhas: com altos e baixos, onde subimos e descemos.

Cada momento será um momento.

É preciso aceitar, respeitar e crescer com os momentos da vida.

Acredito que podemos criar momentos melhores, através de nossas atitudes de hoje.

Ser bom e fazer o bem com certeza irá nos proporcionar momentos melhores amanhã. Acredite nisso!

Tem momento que demora segundos e tem momento que fica um tempinho em nossas vidas.

Como não sabemos qual será o próximo momento, vamos viver o agora.

É preciso perdoar-se e, também, pedir perdão.

Fazer sempre o que queremos fazer e da forma que pensamos.

Estar conectado às coisas boas da vida é fundamental!

Pense que, apesar dos pesares, esse momento está sendo bom para a maioria de nós.

Tem tanta gente passando pelo pior momento de sua vida neste momento. Reflita!

Pensamentos bons geram momentos bons.

Momentos importantes fazem a nossa vida ser demais de importante.

Ter Deus dentro de nós trará momentos consoladores e de paz.

Então, vamos esquecer os maus momentos e fazer do agora um grande momento.

E a nossa vida precisa sempre de bons momentos.

Seja você mesmo, seja você de verdade, seja vibrante, seja capaz, seja luz, seja amor, seja paz, seja transformador, seja feliz, seja útil e crie para a existência momentos agradáveis, prazerosos e felizes.

Indo pelo caminho certo, pode ter certeza que você terá momentos maravilhosos. Acredite!

Desejo-lhe momentos lindos, ricos, de paz, de amor e muita luz.

CRESCER COMO SER

Crescer é uma palavra que faz parte da nossa vida desde crianças. Lá atrás, a nossa mãe já dizia: "Coma tudo para crescer direitinho". As primeiras professoras falavam que tínhamos que estudar para crescermos na vida.

Nossos líderes religiosos sempre nos orientavam no sentido de crescermos como seres humanos.

Por muitas vezes, ouvimos os mais velhos falarem: "Quando você crescer, você vai ver e entender". Só que, naquele momento, não conseguíamos compreender. Mas hoje, tudo é bem claro para nós.

Dentro de nós, é certo que sabemos que temos que crescer e crescer sempre!

E o que estamos fazendo para crescermos como queremos?

O que estamos realizando para crescermos como seres de verdade?

Qual a imagem que deixaremos como seres humanos após a nossa partida deste mundo?

Já demos os primeiros passos, já aprendemos a falar-ouvir-ler-observar, praticamente nos conhecemos internamente e já somos capazes de identificar nossos sentimentos, sejam eles quais forem.

Conhecemos um pouco das nossas emoções, conhecemos a mentira e a verdade, sabemos o que é certo e errado na vida e até conseguimos perceber e entender quem são as pessoas deste mundo louco e moderno que vivemos.

Lidamos mais ou menos com todas as energias que estão por aí, sabemos da existência de Deus, conhecemos um pouco da força poderosa e mágica que rege o universo, e tantas outras coisas que podem e nos fazem crescer como seres puros, verdadeiros e de luz.

É claro que sabemos que falta muito para chegarmos lá, mas temos que ser firmes e fortes em nossos propósitos, com o objetivo de crescermos e nos tornarmos um ser humano de verdade.

E crescer como seres exige muito de nós.

Não podemos ser preguiçosos, muito menos desanimar.

Tenho certeza de que quando conseguirmos crescer de verdade, será divino e lindo lá na frente. Então, vale a pena crescer um pouquinho a cada dia.

Para crescer, é preciso fechar os olhos para as injustiças do mundo.

É necessário tentar não se preocupar com a ingratidão de muitos que estão por aí.

E o mais importante, não perder tempo na vida.

Vamos crescer para cima, na direção do céu e onde estão as energias mais puras, poderosas e de luz.

Vamos crescer internamente e nos conhecer melhor a cada dia.

Vamos crescer como pessoas, tendo caráter e sendo humildes, bondosos, honestos e justos.

Vamos viver na prática do bem.

Vamos focar nas coisas boas da vida.

Vamos tentar nos espiritualizar cada dia mais.

Vamos aprender mais com quem já é grande.

Vamos ensinar quem precisa crescer e ainda está engatinhando.

Vamos crescer e ser espelhos para quem precisa ver algo além, espelhando-se também em coisas boas e positivas.

E vamos trabalhar nosso ego, para que nunca nos sintamos maiores, nem melhores que alguém.

É preciso lembrar que todos nós estamos no processo de crescimento e evolução, e que isso é individual e intransferível.

Precisamos perceber que ser é diferente de ter. E crescer é diferente de se engrandecer.

Portanto, vamos crescer para sermos um grande ser.

O universo espera o melhor de nós.

Deus sempre espera o melhor de cada um.

E podemos oferecer o melhor de nós ao mundo e às pessoas que nele vivem, sabendo como crescer e tornando-nos um belo ser.

Vamos crescer direitinho, então?

Que tenhamos boa sorte em nosso crescimento e nos tornemos grandes seres humanos!

A TRANSFORMAÇÃO DO SER

Passamos uma vida inteira na busca da iluminação, da transformação, do autoconhecimento, da autoaceitação, tentando descobrir as coisas boas da vida, lutando como um leão para viver e sobreviver, tentando evoluir um pouquinho a cada dia, buscando aprender cada vez mais e enfrentando os problemas da vida.

Passamos a vida toda brigando com a gente mesmo, trabalhando o nosso conflito interno, desafiando os nossos sentimentos, enfrentando o mundo/as pessoas/os desafios/a nós mesmos, ficando presos às coisas boas que já passaram e não voltam mais, tentando ser o que não somos, entre tantas outras coisas.

Não é mesmo?

Há dias que estamos vibrantes, cheios de energia/alegria/felicidade e existem dias em que parece que o mundo vai desmoronar em cima da gente.

Corremos o dia todo e, muitas vezes, nem sabemos atrás do que estamos correndo.

E nesta loucura de correr para ganhar a vida, acabamos perdendo a vida.

Queremos chegar lá e nem sabemos onde é.

Sentimos a falta de alguém e não sabemos de quem e se soubermos, também não vamos atrás.

Costumamos alimentar os nossos medos, a nossa ignorância, a nossa vaidade, o nosso orgulho, ego e egoísmo, e isso pode ser uma bomba-relógio dentro de nós.

Tudo é tão fácil e tão difícil ao mesmo tempo. Por que será?

Tudo está tão perto e tão longe que não conseguimos perceber e, muitas vezes, nem alcançar.

Realmente viver é um desafio gigante e diário.

Estar vivo no planeta Terra é estar e enfrentar tudo e todos, o tempo todo.

Mas apesar de tudo isso, vale a pena (e muito!) viver.

E, claro, vivendo com dignidade e buscando o aprendizado diário!

O que precisamos é nos transformar a cada dia. Talvez seja esse o diferencial e principal motivo de estarmos aqui. Ainda mais com tantas pessoas, pensamentos e evoluções completamente diferentes uns dos outros.

Temos que aceitar nossos irmãos terrenos como eles são e ponto final, e não como gostaríamos que eles fossem. Se são heterossexuais, bissexuais, homossexuais, ricos ou pobres, bonitos ou feios, gordos ou magros, novos ou velhos, se tem essa ou aquela religião... não importa quem seja, como é ou como quer ser. Vamos tentar ver o lado bom de cada um e aceitar cada ser como ele é e quer ser. Sem crítica e sem julgamento.

Todos buscam se transformar a cada dia. Cada um à sua maneira, mas pode ter certeza que todos querem melhorar.

Às vezes ou sempre, podemos ajudar muitas e muitas pessoas. Não só podemos, como devemos. Ainda mais quando é uma pessoa de quem gostamos e queremos bem.

Muitas vezes, os nossos pensamentos se misturam com a realidade do mundo e geram uma confusão danada em nossas cabeças.

Tem tanta gente precisando de ajuda e, muitas vezes, preferimos julgar do que ajudar; criticar, ao invés de estender a mão.

Vamos transformar o nosso ser para melhor e, assim, ajudar na transformação do mundo, começando por cada um de nós.

As coisas parecem difíceis, mas elas são fáceis, na realidade. Tudo vai do nosso olhar, do nosso momento, do nosso processo e, principalmente, da forma que vemos o mundo e os problemas que existem nele.

A decisão de fazer as coisas e querer mudar um pouquinho dentro da gente está em nossas mãos e não nas do outro, como pensamos.

O poder de se transformar e mudar tudo deve ser agora.

Pra que esperar pelo amanhã?

Pra que tanto medo e insegurança?

Temos que olhar para o alto e para frente.

Vale a pena se transformar e chegar lá, vitorioso. Pelo menos, eu acredito nisso.

Atingir o nível que queremos e precisamos é primordial para o nosso processo evolutivo.

A hora que dobrarmos a curva, não conseguiremos mais ver o que ficou para trás.

Quando atingirmos o bom nível das coisas boas da vida, que é se transformar em um ser diferente e especial, mudaremos a frequência e o nosso nível de exigência.

Quem já chegou lá sabe, relata isso e eu acredito muito.

Vamos levantar a poeira e dar a volta por cima, agora e sempre.

Vamos focar no que queremos e precisamos ser.

Vamos vencer os desafios de cada dia.

Vamos ser pessoas melhores.

Vamos nos transformar, hoje mesmo, naquilo que viemos buscar e que podemos ser.

Para se transformar é preciso acreditar!

Sabe de que forma chegaremos lá e bem longe?

Arregaçando as mangas, vencendo os desafios diários, sabendo claramente dos nossos potenciais e acreditando em nós mesmos e em Deus.

Na vida, tudo é possível para aquele que crê, tudo mesmo.

Então, vamos nos transformar em grandes seres, em seres de luz. Naquela pessoa que nos programamos para ser.

O universo é a extensão da nossa casa, não vivemos somente no planeta Terra. Tem muito mais lá em cima do que podemos imaginar. Então, vamos chegar lá!

E, é claro, temos que parar de reclamar, de lamentar e seguir em frente.

E se percebermos que uma oportunidade ficou lá atrás e é importante para nós, voltamos um pouquinho e a pegamos de volta. O que não podemos é desperdiçar tempo, energia e, principalmente, oportunidade.

Também temos que ser rápidos para não perder o *TIME* das coisas.

A decisão será sempre nossa. Portanto, sem essa de cobrar o outro pelo que deixamos de ter, fazer e conquistar.

A transformação em ser melhor a cada dia está em nossas mãos e em nosso ser.

Então, vamos em frente.

Transformando-nos naquele que desejamos ser e que o universo espera de cada um de nós.

Desejo-lhe o melhor caminho e a melhor transformação.

A VERDADE DE CADA UM

Cada ser humano com sua verdade, não é mesmo?

Só que a mentira nunca será a verdade. E ela pode ser dolorosa demais, ao ser descoberta.

A verdade sempre será a verdade e nada no universo a esconderá, jamais.

Neste momento em que vivemos, cujas máscaras caem o tempo todo, fica ainda mais difícil para que a mentira prevaleça.

As pessoas mentirosas deixam marcas negativas por onde passam. Isso é triste e não é bom para a personalidade e o caráter de ninguém.

É comum que o ser humano falte com a verdade e fale a "verdade" dele, para se defender, sair bem em uma situação, parecer santo/coitado, ganhar vantagens e muitas outras coisas.

Mas, para o mundo e para as pessoas, poderá ser uma grande mentira.

Por isso, gosto da afirmação de que a verdade sempre é a verdade, e mesmo que a mentira tenha força em um determinado momento, um dia a verdade aparecerá. Disso ninguém pode fugir, tenha certeza!

Temos que criar o hábito de falar a verdade, de ser verdadeiro com a gente e com o próximo, e procurar nunca omitir os acontecimentos.

Cada vez mais, o universo está de olho em cada ser humano e, principalmente, na verdade de cada um.

Pense nisso!

ACERTAR E ERRAR

Todos nós acertamos e erramos o tempo todo, não é mesmo?

Percebo que ainda é mais fácil aprender e crescer com os erros do que propriamente com os acertos. É claro que cada pessoa precisa tentar errar menos e acertar mais, e sabemos que não é tão simples assim!

É necessário prestar atenção quando se erra, para pedir perdão e seguir adiante.

Muitas vezes, o orgulho não permite isso e além de tudo, existem aqueles que acreditam ser santos. Nenhum de nós é santo!

Lidar com os erros... talvez essa seja uma das coisas mais complicadas para o ser humano.

Mas a vida/existência de cada um de nós, no processo de evolução, é assim mesmo. Acertar e Errar / Errar e Acertar!

Todo indivíduo terá de passar por esses estágios diversas vezes, até se conhecer plenamente e entrar no caminho certo.

Como disse Jesus: "Quem não tiver pecado que atire a primeira pedra".

Isso nos faz refletir e muito, não é verdade?

Então, vamos procurar errar menos e acertar mais.

Desta forma, poderemos ter mais espaço no mundo, ter uma melhor conduta e nos transformar nos seres que pretendemos ser.

Vamos lá?

A LUZ QUE PRECISAMOS

Todos têm as suas vontades e seus desejos de crescimento como seres divinos. Isso é mais que verdadeiro!

No íntimo de cada pessoa sempre existirá a verdade individual. Ninguém mais erra acreditando que não errou. Isso é mais que certo nos dias de hoje.

É importante que cada um acredite que realmente existem seres maravilhosos em nosso planeta. É necessário abrir os caminhos e o coração para essas pessoas do bem entrarem e trazerem luz.

Você já sabe: peça perdão quando errar, para poder seguir em frente. Isso faz parte da caminhada.

São nos acertos que a vida vai se transformando e nos conduzindo para a luz que tanto almejamos.

E é de luz que todo ser humano precisa. Agora, mais do que nunca!

Então, vamos para a luz.

EQUILÍBRIO

Você é uma pessoa equilibrada?

Sim? Mais ou menos?

Como oscilamos do equilíbrio para o desequilíbrio, não é mesmo?

Somos seres humanos e, por isso, mudamos de energia em um piscar de olhos. Os nossos pensamentos mudam, a frequência cai e nos desequilibramos.

E como fazer para nos equilibrarmos novamente?

Mudar os pensamentos do negativo para o positivo, vibrar no bem e orar, orar e orar muito. Tirar da mente o que nos atormenta e colocar imagens de momentos maravilhosos, de vivências boas. Sabemos que não é fácil, mas depende de cada um de nós.

Claro que não conseguiremos estar equilibrados 24 horas por dia. Vamos de oito a oito mil numa fração de segundos. Mas temos que tentar e não nos deixar ir ao fundo do poço. Uma vez lá embaixo, é mais difícil para subir.

Mente vazia é morada de coisas ruins. Pense nisso!

São tantas coisas que acontecem em nossas vidas, que fica difícil estarmos bem, felizes e equilibrados o tempo todo. Então, vale a pena o esforço para permanecer em equilíbrio (e a saúde agradecerá também).

Quando bater aquele pensamento indesejável, expulse-o o mais rápido que puder. Alimentar o passado não irá nos colocar para a frente. Sabe disso, né?

Ficar lamentando o que poderia ter sido feito – e não foi – também não é o melhor caminho. As coisas devem ser de agora para frente, sempre!

Lembre-se que as dores nos ensinam a crescer como seres humanos, nesse processo duro e louco de evoluirmos como espíritos. Vejo que, com a dor, conseguimos nos conhecer internamente e seguir em frente. O que não podemos é ficar enterrados na lama para sempre. Lembre-se disso!

Não importa a classe social, onde vive, o que come, o que veste, quem ama, a família e amigos que têm, e por aí vai... todos passam pelas provas que precisam passar, para aprender, crescer, ser aprovado na escola da vida e evoluir.

A vida realmente é feita de provas e como em qualquer processo de aprendizagem, precisamos estudar muito para passar. Depois, nem lembraremos mais da dor ou da tarefa árdua, se não ficarmos remoendo o passado.

Bola pra frente!

Seja feliz, cante, dance, grite, corra, faça exercícios, leia, dê muita risada, faça sexo, pise descalço na grama, tome banho de mar ou cachoeira, ore, busque o equilíbrio agora e sempre.

Praticar e pensar em coisas boas só atrairão coisas boas.

A transformação sempre depende de nós.

Para mudar a sintonia para melhor, seremos somente nós no comando. É como uma frequência de rádio: cada um muda a estação quando quer e para aquilo que quer ouvir.

Vamos mudar para uma sintonia de vida pura, cheia de amor e luz, e que tenha a ver com cada um de nós e com a frequência do bem.

Passe a ver coisas boas e sintonize-se no bem e nas coisas lindas do planeta.

Se fizermos da forma certa, estaremos a um passo de atingir o equilíbrio e estar de bem conosco e com o mundo.

Então, vamos manter o equilíbrio, agora e sempre.

VIVENDO COM QUALIDADE DE VIDA

Nos dias atuais, são muitas as ferramentas para que possamos viver com mais qualidade de vida no mundo.

E sabemos que existem coisas que são fundamentais como: ter onde morar, ter dinheiro, ter o que comer e vestir, ter saúde, ter trabalho e amigos, e por aí vai. Tendo esses itens, já é possível construir a nossa felicidade e, assim, ter qualidade para viver.

Dentro da nossa qualidade de vida, o mais importante é ser feliz, acredite.

E para vivermos bem e sermos felizes, o primeiro passo é vencermos os nossos bloqueios.

Querendo ou não, o medo, a insegurança e a timidez podem dificultar (e muito!) para atingirmos a nossa felicidade.

A estrada pela qual caminha a maior parte da humanidade pode não levar à felicidade. O ideal é olharmos os nossos passos e sabermos da nossa caminhada, sempre.

Portanto, estejamos atentos aos pensamentos, pois eles sempre se realizarão.

Se em nossos pensamentos existem felicidade, amor e bondade, é isso que brotará em nossas vidas.

"Pensar grande" sempre significa "ser grande". Saiba que somos exatamente aquilo que pensamos.

É preciso se conhecer, ter autoestima e acima de tudo, aceitar os defeitos.

É preciso ter autoamor, construir a felicidade, lutar para viver e viver para lutar, ajudar os outros e muitas outras coisas, que serão a construção dos méritos para conseguirmos viver melhor e felizes.

Antes de mais nada, temos que conseguir ser amigos de nós mesmos. Isso deve ser repensado.

Controlar as nossas emoções é fundamental. Para isso, o autoconhecimento é fundamental.

E nunca tenha medo de ser você, nunca mesmo.

No mundo em que vivemos, as pessoas costumam ser consumidas como laranjas, onde se espreme o suco e joga fora o que sobrou, o bagaço.

Precisamos estar atentos e conectados à velocidade do tempo. Tudo muda o tempo todo e em uma velocidade enorme.

Basta olharmos para a tecnologia e veremos essa grande transformação.

E, da mesma forma, tudo pode mudar em uma fração de segundos em nossas vidas.

Infelizmente, ainda vemos que existem duas coisas que não conseguiram acompanhar essa evolução toda: o orgulho e o egoísmo. Imagine se eles não existissem mais! Com certeza viveríamos em outro mundo.

Por isso a importância de estarmos sempre atentos e abertos a tudo e a todos.

Às vezes, estamos tão preocupados em dizer quem somos, que acabamos nos esquecendo de saber um pouco mais do outro.

Quando um indivíduo tem compromisso com a sua essência, a vida não se torna um fardo pesado de se carregar.

É preciso parar de reclamar, já que cada um carrega a cruz no peso e tamanho que suporta.

Precisamos achar e ver qualidades nas pessoas, sempre.

Os relacionamentos estão tão difíceis, mas precisamos nos esforçar para criar boas relações.

Vive bem quem se relaciona bem!

E nessa turbulência toda, é preciso administrarmos as nossas carências, que podem ser muitas e perigosas.

Também precisamos aprender a trabalhar a nossa intuição e sensibilidade. São detalhes superimportantes em nossas vidas e na qualidade de viver.

O que conta não é o que fazemos, mas como procuramos realizar as nossas metas.

De uma vez por todas, vamos entender que são essas coisas que vão fazer com que cada um de nós viva bem e feliz.

Assim, poderemos viver equilibrados e mais tranquilos.

E, automaticamente, com mais qualidade de vida.

Vamos nessa?

PAIS SUPERPROTETORES

Tomo a liberdade para falar de algo bastante delicado: os "Pais Superprotetores".

Você acha que é algo positivo ou negativo ser superprotetor?

Minha resposta é que tudo pode ser muito relativo!

Então, deve-se ter mais atenção para as consequências que este comportamento pode causar aos seus filhos em um futuro próximo.

O ideal é nunca exagerar na dose. Na realidade, para tudo na vida é necessária a dose certa.

Estamos no momento de múltiplas escolhas e elas, na maioria das vezes, precisam ser individuais, certas e coerentes.

Apesar de vivermos em um mundo coletivo, somos seres individuais.

Só crescemos, amadurecemos e evoluímos por nós mesmos, através das nossas lutas, dificuldades e vitórias, e dos nossos erros, acertos e fracassos.

Em algum momento da vida, ou em vários deles, cada um tem que fazer por si. E, nesse momento, onde acharemos o pai superprotetor?

Vejo e convivo com muitos jovens que são totalmente dependentes. Não sabem fazer nada sozinhos e não conseguem dar um passo sem a aprovação dos pais.

É claro que vivemos em um mundo que, muitas vezes, é louco demais e entendo que seja necessário ter certos ou muitos cuidados com os filhos. Porém, ser superprotetor pode não ser o caminho, por comprometer tantas coisas na evolução do filho. Vale a pena analisar tudo e com muito cuidado.

Observo também que muitos pais são superprotetores e sequer percebem isso. O pior é que, longe dos pais, os filhos aprontam muito e acabam se perdendo no decorrer da vida.

Sabemos que existem muitas pessoas frustradas por aí e que acabam seguindo no caminho do fracasso, infelizmente.

Por isso, ser um pai superprotetor deve ser uma questão de autoanálise.

O pai quer e sempre vai querer o melhor para o seu filho.

Isso é positivo.

Isso é amor!

E também vai querer dar tudo o que não teve quando jovem.

E isso pode ser negativo!

Muitos filhos se acomodam e deixam de buscar as coisas e ir à luta, que tem que ser diária.

Hoje, precisamos lutar como um leão todos os dias.

Ficar passando a mão na cabeça e protegendo o filho o tempo todo pode colaborar para que ele não se torne um vencedor.

E o mundo precisa cada vez mais de vencedores, não é mesmo?

Vejo muitos pais que acreditam (ou querem acreditar) que seus filhos são santos. Bem, sabemos que são poucos os santos que passaram pelo planeta.

A moeda sempre tem dois lados e a verdade também. Às vezes, a verdade tem até mais que dois lados!

Os filhos cometem erros (muitas vezes, erros gigantes) e fazem sabendo que nunca serão punidos pelos pais superprotetores.

O pai cria o filho para o mundo e o mundo atual é outro, muito diferente do qual fomos criados.

Lá fora está cheio de coisas que não prestam e podem contaminar os filhos.

Mas entendo que a educação se dá demonstrando e não ensinando.

Tudo o que o pai estiver fazendo será espelho para o filho.

Ficar passando a mão na cabeça do filho poderá não ser o caminho.

Pessoas muito mimadas sofrem demais no mundo moderno.

E tenho certeza de que os pais não querem isso para os seus filhos. Cada pai sempre quer o melhor para seus descendentes e isso é mágico.

Muitos de nós fomos criados para acordar cedo e ir à luta.

Aprendemos que, para sermos vitoriosos, depende o tempo todo de cada um de nós.

Ser forte, correto, trabalhador, honesto e saber que às vezes fracassar nos ajuda (e muito!) no caminho do sucesso são detalhes importantes para viver e aprender sempre com a vida.

Muitas vezes, amar o filho é diferente de superprotegê-lo.

Reflita nessas questões que, na minha visão, são de extrema importância, ainda mais nesse momento louco e de total transformação do mundo.

Muitos pais protegem tanto os seus filhos, que se esquecem de ser amigos de verdade e conhecer o ser humano que vive ali. Acham que os filhos não têm defeitos e não cometem erros.

Parem para pensar em quantos jovens estão em um processo elevado de depressão e os pais nem imaginam.

Como os pais sempre lhes dão tudo, os filhos acreditam que o mundo e as pessoas têm que dar também. Esse é um grande engano e será frustrante lá na frente.

Quantos jovens estão perdidos na vida e no tempo e não têm um pai amigo para conversar?

Quantos jovens estão nas drogas e os pais nem percebem, por não conhecerem os filhos de verdade?

Quantos pais preferem dar tudo de melhor e se esquecem de fazer dos seus filhos pessoas melhores?

Quantos pais acham que os filhos não cometem erros? E bem sabemos que todos nós podemos cometer erros, e erros diários!

Quantos pais não imaginam que seus filhos estão se perdendo nesse mundo louco?

Quantos pais preferem fechar os olhos para a realidade dos filhos e do mundo?

Quantos pais dão de tudo e não cobram nada dos filhos?

Pois é... o mundo mudou e muda em uma velocidade gigante. É importante perceber isso!

Criar da mesma forma que você foi criado pode não ser o caminho e não ter grandes resultados.

Dar somente o peixe pode ser um grande erro. O correto é ensinar a pescar.

Digo tudo isso pensando nos pais, que passam uma vida toda na luta, na loucura diária, e muitos filhos não dão o menor valor para isso.

Claro que cada caso é um caso. O ideal é sempre analisar todas as questões e situações e, principalmente, o lado comportamental do filho. Ver com outros olhos, entende?

E se o pai estiver perdido, percebendo que não está dando conta do recado, sentindo que existe algo errado ou fora do lugar, vale a pena procurar um terapeuta. Existem excelentes profissionais por aí e eles podem ajudar muito. Isso serve para os pais e também para os filhos. Tem hora que precisamos buscar ajuda.

O detalhe é não ser cego e tentar identificar os problemas enquanto existe tempo. Diagnosticou, busque tratamento! Esse pode ser um bom caminho.

O que não pode (e não deve) é ser um pai superprotetor e acreditar que o filho é o mais correto, certinho e verdadeiro do mundo. Pode até ser, mas nem sempre as coisas são como imaginamos ou queremos que elas sejam.

Trabalho com jovens a minha vida toda e muitas vezes fiz papel de pai. Em vários momentos tive que ser bem firme, tentando mostrar que o mundo aqui fora não é um mar de rosas. Hoje, recebo muitas mensagens de adultos, que eram jovens perdidos e mimados, e que me agradecem pela lição de vida e pelos puxões de orelhas.

A minha experiência de vida e o meu trabalho me permitem dar essas dicas aos pais superprotetores. Acredito que muitas vezes eles nem sabem o que estão fazendo.

Então, repito que esse pode não ser o caminho do sucesso que todos os pais querem e esperam para os filhos.

Fica aqui a minha dica e um pouquinho da minha participação nesse assunto tão importante, que é preparar um ser humano para viver bem e ser melhor a cada dia, tendo os seus diferenciais, e que devem ser positivos sempre.

ASSIM COMO AS ESTRELAS

Sabia que você nasceu para brilhar?

E que pode brilhar muito?

Caso ainda não esteja brilhando como gostaria, o que falta para isso acontecer?

Todos nós, seres humanos, temos um brilho próprio. Temos a capacidade de levar luz por onde passarmos. Cada um de nós é uma estrela. Talvez com mais ou menos brilho que os demais.

Agora, a falta de brilho de alguns deste planeta está relacionada a muitas coisas, muitas mesmo!

Vale lembrar que todo mundo quer brilhar de alguma forma; não só quer, como precisa. Muitas vezes, o que falta é saber como nos iluminarmos e, assim, chegarmos ao brilho que é bom, natural e divino.

O nosso espírito é um ponto de luz no universo. O brilho está em nosso ser mais íntimo e profundo. Uns são extremamente brilhantes e infelizmente, outros não brilham.

Você já teve vontade de conhecer uma pessoa linda e ao chegar perto dela, ficou cinco minutos e quis ir embora? Por outro lado, já encontrou alguém que não era necessariamente belo e falou durante horas, sem perceber o tempo passar?

É o brilho que vem da alma, muito natural e que pertence a cada ser.

Muitas vezes, quem brilha mais incomodará quem brilha menos, o que para mim é uma perda de tempo.

Nossa capacidade de criar, prosperar, evoluir, progredir, transformar e brilhar é infinita. Depende de cada um perceber e chegar à luz pura, que vem da essência de cada indivíduo.

Podemos ficar horas olhando para o céu e observando cada uma das estrelas, com total admiração, comentando de sua iluminação. Algumas pessoas têm o hábito de contá-las! Só que não queremos ser uma estrela. E por que muitas vezes queremos ter o brilho do outro? Por quê?

Cada ser é um ser. Cada um tem o que merece. Somos nós que temos a capacidade de mudar tudo dentro da gente, em nossa volta, o tempo todo. Somos nós que podemos nos transformar e chegar ao brilho e à luz. Somente nós!

Amo a filosofia budista, quando ela menciona o processo de iluminação, que é peculiar a cada pessoa e obedece o momento e a vontade de cada um.

Portanto, é preciso desenvolver o autoamor, trabalhar a autoestima, deixar o orgulho, o ego, a inveja, a vaidade e o egoísmo de lado. Desta forma, estaremos a um passo do processo de ganhar luz e, assim, levaremos brilho para todos os lugares por onde passarmos.

Parece tão simples, mas é um processo árduo e diário, e que levará em consideração nossa atitude como pessoas, vivendo em um mundo coletivo.

Infelizmente, o mundo está cheio de seres frustrados, infelizes e com pouco brilho. Como vivemos em rede e somos irmãos perante a Deus, precisamos buscar e trabalhar o brilho tão desejado e levá-lo à humanidade. Se o brilho próprio já existe, vamos ajudar os outros a brilharem também.

Já percebeu que as pessoas mais brilhantes que passaram pela Terra deixaram muita luz para nós? E elas são lembradas até hoje.

Então, qual é a nossa lição de vida para este momento desafiador e decisivo pelo qual passamos?

Deixar de achar que somos os melhores, os mais importantes, os mais belos, os mais inteligentes, os donos do mundo. Temos que nos iluminar a cada dia, para nos tornarmos estrelas e levarmos luz adiante. O nosso planeta está precisando de muita luz!

E nós, como seres em busca da luz e da evolução, precisamos contribuir para ajudar a iluminar o caminho da humanidade.

Costumamos ver tanta gente perdendo tempo em sua existência. Às vezes, tentamos ajudar de alguma forma, mas não podemos ferir a lei do livre-arbítrio de cada um. Todos têm o seu tempo e precisamos respeitar, querendo ou não, aceitando ou não. Não é verdade?

Uma coisa é certa: todos querem ir para a luz. Quando atingimos um pouquinho de luz e nos tornamos espíritos um pouco mais iluminados, podemos ser exemplos e levar uma multidão conosco rumo à iluminação.

Vamos pensar nisso?

Vamos deixar o brilho do outro e buscar o próprio?

Lembre-se sempre: o que é do outro é do outro, inclusive o brilho, certo?

Desejo muita luz em seu caminho e que você brilhe muito.

O AMOR

Falar de amor não é tão fácil. Sem essa energia – que é mágica, poderosa e move o universo – não somos nada. Fomos feitos e aceitos pelo amor divino e de nossos pais.

É tão importante amar e ser amado! E é lindo também.

Sentir o amor é o que nos move, nos transforma e nos direciona para as coisas boas da vida.

Como disse Jesus: "Ame o próximo como a ti mesmo". Isso merece nossa atenção!

Amar os amigos ou quem nos ama é fácil. Amar o inimigo ou quem não gosta de nós... isso sim é bem complicado, mas precisamos refletir.

O amor que envolve duas pessoas, dois seres que pensam e vibram de formas diferentes, é lindo, puro e encantador. Mas nem por isso é simples, já que todos nós temos nossas diferenças e indiferenças, não é mesmo?

Porém, abrir mão de um amor verdadeiro (quando conseguimos sentir que ele é realmente verdadeiro), não é o caminho. Pense nisso com carinho!

Amar com desapego não é para qualquer um, e ainda estamos longe disso.

Na realidade, amar e conhecer verdadeiramente essa energia fabulosa ainda está longe do nosso pequeno entendimento de vida.

Precisamos exercitar mais o amor.

Tive a oportunidade de viver e sentir o amor duas vezes nesta existência. Acredito que pelo menos uma vez foi e é recíproco. Isso me deixa bem e satisfeito.

Para mim, o amor precisa ser recíproco, precisa de cuidados todos os dias. Tem que ter conexão, afinidade, desejo, vontade de amar e crescer junto, lealdade, saber administrar as fraquezas, ver que o outro também tem defeitos (e muitos!). Amor é brigar e voltar para o ninho, como se nada tivesse acontecido.

Acredito que todos já foram picados por esse bichinho que desperta o amor em suas vidas. O problema é que não escolhemos a quem amar; simplesmente, acontece! Vai da capacidade de cada um para lidar com a situação.

Claro que o ideal é amar quem nos ama, mas sabemos que não é regra e tudo pode acontecer.

O importante é sempre amar. Quando amamos, procuramos ajudar, proteger, cuidar, mudar ou transformar. Quando amamos, nos doamos, nos preocupamos e tantas outras coisas que bem sabemos.

Não podemos ferir o livre-arbítrio de ninguém. Temos que respeitar que cada ser é um ser em processo evolutivo.

Temos que entender que tudo tem o seu tempo e apesar do tempo não parar, nem esperar por ninguém, é importante respeitá-lo.

Ninguém tem uma varinha mágica para mudar o tempo, o pensamento ou o amor de alguém.

Quem ama, ama e ponto final. Quem quer estar junto sempre vai querer permanecer junto.

Precisamos entender que tudo passa e sempre passará. Às vezes, temos que ter pressa e ir de encontro ou cuidar do que é nosso por direito divino. O amor é uma dessas coisas.

Quando estamos resolvidos com o amor e com os nossos sentimentos, as demais coisas da vida vão fluir muito bem, pode ter certeza!

Minha dica é: ame e ame de verdade. Permita-se ser amado também. Desenvolva e trabalhe a energia do amor dentro de você. Saiba que toda panela tem sua tampa e já vem pronta de fábrica, acredite.

Caso o seu amor já tenha aparecido e você sentiu aquela energia fantástica que une os seres, não perca tempo e se dedique a ele. Se ainda não apareceu, aguarde, pois vai bater à sua porta.

Então, esteja com a mente, braços e coração abertos para receber essa linda energia. E, por favor, não a deixe ir embora.

Vamos amar e ser amados, pois levaremos isso para a eternidade.

Com todo o meu amor.

EM BUSCA DO AMOR

Gosto muito de escrever e falar dessa energia mágica e poderosa chamada "AMOR".

Quem não quer amar e ser amado de verdade?

Como é bom estar envolvido no Amor verdadeiro!

Pena que, muitas vezes, não sabemos amar de fato e menos ainda, dar o devido valor a quem nos ama intensamente.

Sabemos que administrar o Amor não é nada fácil. Poucas pessoas conseguem fazer isso com tranquilidade!

Uma vez li algo muito interessante, que dizia: "Até podemos escolher a quem odiar, mas quem iremos amar, nunca". E é verdadeiro!

O Amor aparece do nada em nossas vidas e toma conta dela como um todo, não é mesmo?

O ser humano passa uma parte da vida em busca do seu grande amor. E quando ele aparece, a pessoa entra em um conflito tão grande que quase enlouquece. Luta contra, diz que não quer, acha que está perdendo o autoamor, vira uma crise existencial louca e por aí vai.

Amor é diferente de se casar bem, de estar com alguém bem-sucedido, de tudo em torno do dinheiro, ter a pessoa mais linda do mundo ao seu lado...

O Amor é muito mais que isso.

É aquele sentimento forte e verdadeiro que chega e toma conta de tudo.

É como se a pessoa amada fizesse parte da nossa programação de vida ou algo parecido.

Claro que tudo isso fica ainda mais complicado quando o Amor não é correspondido.

O ideal é que o sentimento seja recíproco. Nem precisa ser 50-50%, mas as duas pessoas precisam se amar e se respeitar.

O Amor também é feito de crises, brigas e tudo mais.

Onde tem Amor inevitavelmente terá ciúmes e um pouco de sentimento de posse. Mas também terá o desejo de cuidar, de ajudar, de querer estar junto o tempo todo e de compartilhar uma vida a dois. Isso é tão bom!

Acredito que o amor verdadeiro nunca acabará. Até pode ser substituído por outro sentimento, outra coisa ou até mesmo, outra pessoa. Mas o Amor sempre estará presente no coração, bem lá no fundo.

Amar é uma coisa muito boa: é um sentimento doce, saboroso, fantasioso, magnífico e tudo de bom.

Então, por que vem sofrimento junto, em alguns casos?

Não dá para entender, né?

Mas acredito que faça parte do pacote!

Gosto muito daquela música da banda Os Paralamas do Sucesso: "Cuide bem do seu amor, seja quem for".

Realmente é difícil encontrar a cara-metade, a tampa da panela, o amor verdadeiro, a alma gêmea.

E o amor que queremos e deve ser nosso geralmente está onde nem imaginamos. Para quem já achou o seu, segure-o e seja feliz!

Administrado com equilíbrio, o amor verdadeiro fará coisas maravilhosas, pode ter certeza.

A idade passa, o tempo passa e o amor pode ficar para sempre, mesmo que esteja distante e somente no coração.

Vamos aproveitar essa linda e pura energia que é AMAR.

É importante dar asas à imaginação, amar e ser feliz.

É lindo amar e amar de verdade. E mais lindo ainda é ser amado ao extremo.

Então vamos viver o Amor e ser feliz.

O PERDÃO

Não sei o que é mais difícil: perdoar ou pedir perdão.

Somos tão limitados para essas duas coisas, não é mesmo?

Penso assim: quem sabe dizer "Eu te amo" consegue dizer "Perdoe-me".

O homem mais importante e iluminado que passou pela Terra, há mais de 2.000 anos, perdoou todos os que lhe fizeram mal. E nós, seres tão imperfeitos, muitas vezes somos incapazes de perdoar alguém e, principalmente, a nós mesmos.

Quem perdoa fica leve e ganha muito ao perdoar.

Só que o perdão não pode e não deve ser somente da boca para fora. Ele precisa vir do coração!

Existe um mantra ótimo: "Eu me perdoo, eu perdoo a todos". Vamos usar?

No decorrer da vida, é claro que vamos cometer muitos erros, conosco e com os outros. Por isso, perdoar-se e pedir perdão deve ser um exercício diário.

Na vida, as pessoas falharão muito conosco. Então, devemos trabalhar o perdão sempre.

A capacidade de perdoar o outro, quando nos machucou e nos fez mal, é muito importante.

O que precisamos fazer?

Perdoarmos!

Perdoarmo-nos!

E, é claro, pedirmos perdão!

Somos tão pequenos, que nem sempre conseguimos ir por esse caminho.

Não podemos ser como um tapete persa: lindo, caro e sobre o qual todos pisam. É importante termos essa consciência, de trabalharmos a capacidade do perdão.

No decorrer de cada existência, tomaremos rasteiras, seremos passados para trás e há pessoas que irão nos usar de alguma forma. É assim que funciona o mundo, já que a Terra é uma grande escola para o nosso processo de evolução.

Não somos responsáveis por um passarinho que pousa em nossa cabeça, mas se deixarmos que ele faça um ninho, aí seremos.

Quero dizer que o perdão está atrelado ao nosso lado espiritual e, muitas vezes, até mais que o comportamental/emocional.

Tenho treinado muito o perdão nos últimos tempos e sei o quanto é difícil.

Já que estamos aqui para aprender e nos transformar em espíritos puros e de luz, o perdão será uma alavanca para chegarmos lá, tenha certeza.

Tudo muda quando a gente muda e quando aprendemos a perdoar, não é mesmo?

Quando percebemos que estamos mudando, temos a certeza que estamos na direção certa.

Se todos os caminhos levam a Roma, então todos os caminhos deveriam nos levar no sentido do perdão.

Como dizia São Francisco de Assis, "é perdoando que se é perdoado!"

O TEMPO

Já ouviu falar que o tempo muda tudo? Que ele melhora, piora, aperfeiçoa, transforma, cicatriza, cuida, amadurece, envelhece e tudo mais? Acredite, pois é a mais pura verdade!

Muitas vezes, não conseguimos ver e perceber o que perdemos ou ganhamos com o tempo.

Ele também pode nos trazer grandes arrependimentos... pelas oportunidades jogadas fora, pelas coisas que deixamos de ter e conquistar, por algo muito bom que deixamos ir embora e dificilmente recuperaremos novamente.

Além disso, um detalhe que não podemos esquecer: o tempo – Ah! O tempo – esse não volta MESMO. O que passou, passou e, muitas vezes, coisas maravilhosas se foram com o tempo!

Essa energia chamada Tempo passa tão rápido que, quando percebemos, não temos mais tempo.

E para tudo existe um tempo: tempo de germinar, nascer, crescer e produzir. Tempo de ir e tempo para voltar. É preciso dar tempo ao tempo para cada situação em nossas vidas.

A vida está predestinada ou predeterminada ao tempo. Então, temos que aproveitar todo o tempo que temos, para cumprirmos nossa programação de vida e sermos felizes. Tudo sem esquecermos que evoluir é preciso!

Às vezes, dizemos que, se o tempo voltasse, faríamos tudo diferente. Será? Infelizmente, o tempo não volta. O tempo é agora! Então, é agora ou nunca.

Vamos aproveitar o tempo que é o agora, e assim fazermos as coisas boas e focarmos na proposta do bem.

Chorar pelo leite derramado não trará o tempo de volta.

Uma coisa é certa: só o tempo cura nossas feridas e dores. Só o tempo ensina tudo. Ficarão as cicatrizes, não tenha dúvida. Mas só o tempo proporciona o amadurecimento de cada existência. Só ele pode transformar um ser humano em alguém ainda melhor.

O tempo pode ser um grande aliado de cada um de nós. Por isso, vejo a importância de nos preocuparmos com o tempo, o tempo todo. Claro que não podemos ser escravos dele; devemos estar em paz com ele. Quando plantamos coisas boas, o tempo se encarrega da boa colheita.

Ele poderá transformar tudo, pode ter certeza.

Só que não temos nenhum controle sobre o tempo. O que temos é uma conexão com ele.

Por isso mesmo, não adianta lamentar o que poderia ter sido feito e não foi.

Agora, a maior vantagem de tudo isso é que temos todo o tempo do mundo. Quem quiser chegar rápido deve caminhar rápido, até porque o tempo não espera por ninguém.

Falar que não tem tempo para isso ou aquilo não vai ajudar em nada. Quem se programa e faz um planejamento correto de vida, sempre arrumará tempo para tudo.

Sabe aquela sensação boa no final do dia?

"Hoje deu tempo para tudo!"

É esse pensamento que precisamos ter no final da vida: "Que bom que aproveitei o tempo que tinha para fazer tudo o que queria e precisava fazer".

Portanto, invista no seu tempo. Arrume tempo para fazer aquilo que você quer e isso lhe ajudará a construir a sua felicidade e contribuir para a sua evolução.

Aproveite que ainda está em tempo!

Vamos trabalhar para termos o tempo a nosso favor.

Ele não para!

Respeite que cada coisa tem o seu tempo.

Vamos dar tempo a ele mesmo.

Aproveite bem o seu tempo, a partir de agora.

GRATIDÃO X GRATIDÃO

Gratidão é uma palavra que parece pesada e forte. Porém, na realidade, ela é mágica e leve como a pluma, com efeito magnífico quando sabemos usá-la e a usamos com frequência. Pode ter certeza!

Muitos se esquecem de ser gratos a tudo, a todos e em todos os momentos.

Basta nos lembrarmos de que não somos nada sozinhos nesse planeta e que vivemos em um mundo coletivo, com indivíduos em processos evolutivos completamente diferentes uns dos outros.

Para chegarmos à vida, precisamos de nossos pais e do amor deles. E não para por aí. Não podemos nos esquecer daqueles que cuidaram de nós quando éramos pequenos (babás e empregados), de nossos educadores, dos primeiros amiguinhos, de nossa família, nossos mestres, gurus, entre tantos outros. Sem eles, seria quase impossível estarmos aqui, firmes e fortes, neste momento.

Tudo isso sem esquecer de Deus, que nos deu a oportunidade de existir e nos dá a força diária para a caminhada.

Sejamos gratos...

Ao nosso mestre espiritual ou anjo da guarda, por todo o cuidado e tamanha paciência com cada um de nós.

Aos nossos amores de hoje e outrora, que fazem ou fizeram parte de nossas vidas, fazendo-nos crescer como seres amados e amáveis.

Aos parceiros de trabalho, patrões, diretores, clientes ou àqueles que nos dão – ou deram – a oportunidade de mostrarmos nosso trabalho e talento. É desta forma que podemos garantir o nosso sustento e obter aquilo que queremos e precisamos para viver e sobreviver.

Ao Sol, à Lua, às estrelas, à chuva, ao frio, ao calor, ao dia, à noite, à natureza, à água que bebemos e que nos banha.

Ao alimento diário; a quem o plantou e o preparou até chegar à nossa mesa.

Ao universo, que nos traz tudo o que queremos e precisamos.

Aos verdadeiros amigos, àqueles que nos enviam boas energias e se lembram sempre da gente.

Às dores pelas quais já passamos, que nos fizeram crescer como pessoas.

Às oportunidades de vida que temos e desejamos.

Enfim, são tantas e tantas coisas para agradecermos, a todo instante.

Criar o hábito do agradecimento é tão valioso e tão lindo!

Ser grato a tudo e a todos nos faz muitíssimo bem.

Todos os dias, ao deitar e levantar, agradeço por tudo, tudo mesmo. Até aos maus momentos, que me fazem evoluir com ser e como espírito.

Nunca esqueço de quem me fez o bem, de quem me estendeu a mão quando precisei e de quem está sempre ao meu lado, em todos os momentos.

Ser grato é um grande dom dos seres evoluídos.

Sabemos que ninguém tem obrigação com nada nesta vida. Cada um faz o que quer ou pode fazer. Cada um oferece o que tem para oferecer. Cada um dá o que tem para dar. Só que todos podem ser gratos, sempre.

No processo evolutivo de cada um, a gratidão é algo muito importante e contará muito quando deixarmos esse plano e partirmos para outro melhor.

Portanto, agradeça e agradeça sempre. Faça disso um hábito diário em sua vida. Agradeça pela vida e por tudo o que a envolve. Você não se arrependerá e só assim poderá continuar sua caminhada e crescer como um ser divino. Com certeza, cada dia irá mais longe e chegará onde almeja.

Os vitoriosos são os que mais agradecem a tudo, a todos e o tempo todo.

Parar de reclamar e começar a agradecer faz parte do processo evolutivo e, com certeza, torna-se um processo divino.

Então, comece a agradecer a partir de agora.

Se você já tem esse hábito, aumente a potência. Será ótimo, acredite em mim!

Agradeço-lhe de coração por estar lendo esse livro e espero que ele contribua para que você se torne uma pessoa mais e mais agradecida.

ATITUDE DÁ VIDA ÀS COISAS

Observando o mundo e as pessoas, é fácil perceber que falta atitude em muitos dos seres humanos que estão aqui.

E ela é fundamental!

É necessário ser diferente e mostrar o melhor de cada um de nós para o mundo e para as pessoas.

Não podemos ficar perdidos na vida e com coisas que não valem a pena.

Jamais tente ser igual aos outros. Seja você sempre e de verdade. Isso é ter atitude correta!

Não adianta sair correndo e se atirando de cabeça nas coisas da vida, que podem não valer a pena lá na frente. Então, todo cuidado é pouco!

Não podemos ser os últimos a chegar. Temos que ter muita pressa, já que a vida passa rápido demais.

E em algumas situações da vida, devemos ser ousados.

Não podemos ser cópia de ninguém. Lembre-se sempre disso!

Ter a mesma roupa, o mesmo corte de cabelo e os mesmos modos de outra pessoa não lhe tornará único, e sim mais um. E de pessoas iguais, o mundo está cheio.

Não tente se parecer com alguém, pois, definitivamente, isso não é garantia de sucesso para ninguém.

Cada um é um e precisa ter o seu diferencial, a sua atitude.

A roupa é a nossa segunda pele e a forma que escolhemos para nos apresentar ao mundo.

A atitude dá vida às coisas! É ela que marca o nosso estilo de vida.

Então, o quanto antes, descubra quem você é.

Seja único, verdadeiro e superespecial.

E, é claro, com atitude para dar e vender.

Seja sempre você.

SAI UM ANO E VEM OUTRO

Quando o final do ano se aproxima, querendo ou não, começamos a pensar como foi o ano vigente e, é claro, pensamos no que podemos esperar para o ano que está por vir.

Na minha opinião, para as coisas acontecerem no novo ano, tudo é questão de ter foco e bons pensamentos, ser otimista, vibrar no pensamento positivo, ter muita fé, acreditar em si mesmo, trabalhar muito e ir à luta.

Temos que acreditar sempre que o amanhã será melhor. E, com certeza, pode ser. Acredite nisso e faça acontecer!

Temos que desejar, ao planeta e às pessoas que nele vivem, amor, paz, luz e prosperidade.

É bom emanar luz para todos, mesmo para aqueles que têm alguma diferença conosco.

Não sou muito fã das festas de final de ano, mas sei que é um momento mágico para pedir e receber.

Um grande momento de pensar e repensar em tudo.

Momento para pedir perdão e perdoar.

Momento de despertar o amor.

De olhar para o ano que está partindo e sentir o ano que está chegando.

Momento para vibrar no bem.

De perceber quem nos ama de verdade e realmente se preocupa com a gente.

E de tantas outras coisas, que bem sabemos quais são.

Temos que aprender que nem tudo na vida é como queremos, mas, sim, como tem que ser.

Hoje, acredito muito nisso!

É preciso saber que estamos colhendo hoje o que plantamos ontem.

É claro que não temos o poder de mudar o mundo, mas de fazer uma mudança interna, isso sim, temos e muito.

Não podemos ser más pessoas e temos que nos esforçar para estarmos sempre focados nas coisas boas e no propósito do bem, e de alguma forma, poder ajudar o próximo que está ao nosso redor.

Sabemos que erramos muito no decorrer da vida e sabemos que podemos errar com algumas pessoas, a ponto de nos distanciarmos delas para sempre.

É necessário tomar cuidado o tempo todo, principalmente com os pensamentos errados, as más vibrações e atitudes incorretas.

Não devemos querer o mal de alguém. Ao contrário, temos que desejar o bem para todos, sempre.

Tudo o que mandamos para a vida, ela nos devolve. É assim que funciona.

Os ensinamentos da vida passam por nós, para nos fazer crescer, amadurecer, perceber, aprender, entender, compreender, nos recolher e para podermos ver, crer, querer e não querer, assim como tantas outras coisas da nossa existência.

Temos que ter equilíbrio, estar conectados às boas energias do universo e passar a ver coisas que não conseguíamos ver, muito menos entender, no passado.

A vida passa rápido demais e ficamos presos a coisas que não farão sentido algum lá na frente. Chega de decepção, medos e inseguranças. Vamos jogar isso fora, de uma vez por todas.

Mas a vida é assim mesmo, cheia de altos e baixos, subidas e descidas. Temos que focar nas boas energias e estar sempre no propósito do bem.

Não podemos nos prender às coisas pequenas. É necessário enxergar as coisas grandes e positivas da vida.

Vamos sempre acreditar que somos seres puros e divinos, pois isso é verdadeiro!

Alimentar o que não é bom só irá nos puxar para baixo e isso não é legal.

Estar próximo a pessoas más também não vale a pena.

Saiba que sempre haverá coisas lindas e positivas à nossa espera.

O Sol está lá fora, brilhando e esperando por nós.

Lá na rua tem coisas lindas e grandes oportunidades querendo nos presentear.

Tudo é uma questão de vibrar no bem, no amor e de se conectar às mais belas e puras energias do universo.

Penso que o ideal não é deixarmos chegar o final do ano para fazermos uma autoanálise.

A manutenção da vida deve ser constante.

A mudança para melhor precisa ser diária.

Se fizermos tudo direitinho e corretamente durante o ano, a retrospectiva será boa, prazerosa e muito interessante ao final dele.

Então, vamos acreditar mais em nós mesmos, fazer coisas boas, focar no bem, ajudar o próximo, pedir perdão, ser correto, ter boas atitudes, compreender mais as coisas da vida, ter caráter, se conectar às energias puras do universo e acreditar no Deus todo-poderoso, que ama cada um de nós e é onipresente/onipotente.

E lembre-se... TUDO é possível para aquele que crê. TUDO mesmo.

Então, quando for começar o novo ano, focaremos no que é melhor e nas boas energias, somente.

Coisas boas atraem e se conectam a coisas boas.

Bons pensamentos nos conectam ao bem.

Prosperidade atrai prosperidade.

Abundância traz abundância.

Trabalho gera trabalho.

Dinheiro leva ao dinheiro.

Coração bom nos torna pessoas melhores.

Portanto, vamos à luta! Vamos começar e recomeçar da forma correta, certa e verdadeira.

Não importa o momento do ano, e sim o momento da nossa vida.

Vamos nos tornar seres de luz e seguir no caminho do bem, agora e sempre.

Vamos vibrar positivamente.

Vamos abaixar a crista.

Vamos deixar a humildade reinar em nossos corações e em nossas vidas.

Vamos amar de verdade e permitir que o amor faça parte dos nossos dias.

Vamos permitir que só coisas boas aconteçam conosco.

Vamos deixar de reclamar de TUDO.

Vamos ser corretos e verdadeiros.

Vamos deixar o orgulho de lado.

Vamos eliminar o egoísmo.

Vamos acreditar que amanhã será melhor que ontem.

Vamos tirar as amarras da vida.

Vamos jogar o peso das costas para bem longe.

Vamos ser bons, corretos e justos.

Vamos ver as coisas da vida em 360º.

Vamos acreditar em nossos potenciais e em nós mesmos.
Vamos buscar a felicidade, agora e sempre.
Vamos plantar mais coisas boas.
Vamos focar e vibrar no bem.
E nunca se esqueça: persistir sempre e desistir nunca.

O TRABALHO É UMA DÁDIVA

Você está feliz com a sua profissão e o seu trabalho?

Se a resposta for "não", repense sua vida profissional agora mesmo!

O maior segredo do sucesso é fazer o que gostamos. Ou melhor, é maravilhoso amar o que fazemos. Quando colocamos amor em nosso trabalho, por mais cansativo que seja, ele fica leve e prazeroso. Não é mesmo?

Ter trabalho na atualidade é uma grande dádiva. Pelo menos, penso assim.

Quantas pessoas estão desempregadas e sequer conseguem se manter e viver dignamente? São muitas e muitas!!!

Não podemos trabalhar somente pelo dinheiro. Ele deve ser uma consequência daquilo que fazemos, e que fazemos bem-feito, ok?

Vejo muitas pessoas em busca de um emprego para ficarem ricas ou famosas. Ou as duas coisas juntas.

Tudo é sempre possível!

Temos que buscar aquilo que nos trará prazer e felicidade, hoje e sempre.

O mundo está cheio de grandes oportunidades, acredite nisso!

Basta ir atrás, ser bom como pessoa e como profissional.

Hoje não podemos mais ser bons no que fazemos; precisamos ser excelentes. De bons profissionais, o mercado está cheio. Temos que ser os melhores naquilo que nos propomos a fazer. O destaque profissional sempre virá por fazermos bem-feito, com muito amor, disciplina e caráter. Vá por mim!

Colocar o nome no mercado, no meu entendimento, não é difícil. Basta que você queira, trabalhe, se esforce e faça da melhor forma. Difícil é o nome permanecer no mercado por décadas.

Saiba que o trabalho do outro, o talento do outro e a sorte do outro são e sempre serão do outro. Podemos ter os nossos mestres, nossos espelhos e tudo mais. Porém, a vontade de crescer, o talento e a capacidade de fazer com perfeição sempre dependerão de cada um de nós.

Leva-se anos para adquirirmos um bom network. Para sermos reconhecidos, são décadas de trabalho árduo.

Ficar sentado, esperando as coisas caírem do céu, também não levará ninguém a lugar algum. Temos que acordar cedo e ir à luta.

Nos dias de hoje, costumamos ver muitos profissionais fazendo e agindo da forma errada. Uma pena.

O TRABALHO É UMA DÁDIVA - **223**

Lutar para que os outros tenham pena de você, colocar-se como "coitadinho" e fazer teatro o tempo todo não lhe empurrará para frente. Muito pelo contrário!

Achar que as pessoas precisam nos dar as coisas é um pensamento péssimo e negativo.

O mundo está difícil e cada dia mais competitivo. Vejo que praticamente não existe mais lugar para quem não tem coragem, persistência e muita força de vontade para crescer profissionalmente. Não há espaço para quem vive reclamando e acha que, na vida, tudo virá do céu e cairá de mão beijada.

Uma grande dica é parar de reclamar. Reclamou, Deus tirou! Ele sempre vai eliminar da nossa vida aquilo que não está bom para nós.

Outra coisa importante: agradecer muito e sempre a quem lhe dá ou deu trabalho. O patrão da atualidade é quase um pai, na maioria das vezes. Há exceções, lógico, pois cada caso é um caso.

Quero dizer que se não está feliz onde trabalha, com seus colegas, seu chefe, seu patrão e sua vida profissional, repense e dê uma nova chance a você e à sua vida. Crie coragem e vá à luta!

Tudo é feito de ciclos. Para abrir um novo ciclo, precisamos fechar o atual.

Uma vez tomada a decisão, procure não se arrepender. Sempre tem alguém na fila esperando por uma nova oportunidade de vida.

Quem cedo madruga, Deus ajuda!

Saiba que o universo sempre conspira a nosso favor. Só que, melhor que ninguém, ele sabe da nossa índole, capacidade, dos nossos desejos e como somos em nossa essência. Podemos tentar enganar as pessoas, mas não enganamos nem o universo, nem a nós mesmos.

Sem contar que, hoje, as máscaras caem rapidamente. Olhe para o lado e para o mundo. Tudo é revelado velozmente. Seja bom e seja você de verdade.

Lembre-se também que a vida é e sempre será uma via de mão dupla.

Você me ajuda e eu o ajudo. Esse é o pensamento atual do mundo em que nos encontramos.

Outra coisa é nunca deixar uma porta fechada. Amanhã, podemos querer passar por ela novamente. Reflita sobre isso, que é muito importante.

Acredito que as oportunidades estão nas ruas, nos lugares com boas energias e nas pessoas do bem. Procure ir ao encontro dessas boas energias e de bons seres. Conecte-se a isso!

Não jogue as oportunidades fora. Fique atento ao que o universo lhe traz.

Só não se esqueça de agradecer a tudo, a todos e a todo momento. Tenha muita fé e vá à luta.

Seja parceiro dos outros, da vida e do universo, agora e sempre.

Seja correto, honesto, justo, verdadeiro, humilde, bom e não se arrependerá.

Seja uma pessoa do bem e procure não tirar proveito das situações que aparecerão em sua vida.

Deixe de ser crítico, fofoqueiro e venenoso.

O mundo agora é outro.

O planeta Terra está mudando e precisamos mudar junto com ele.

O mundo é moderno e seletivo.

Viva da melhor forma que conseguir.

Pratique a paz, o bem e as coisas boas, não só da boca para fora.

Ser bom e fazer o bem são coisas muito diferentes.

E não podemos – nem devemos – dizer que somos bons ou que somos os melhores naquilo que fazemos. Deixe o mundo fazer esse comentário, compreende?

A meu ver, ninguém tem que dar nada a ninguém. Até porque a ingratidão ainda reina por aqui. Temos o hábito de esquecer do dia de ontem. Isso não vale mais, certo? Vamos ser gratos a quem nos ajuda ou nos ajudou, a quem nos dá trabalho, emprego e oportunidades.

As pessoas não querem e não podem mais trabalhar com gente complicada – ou que complica tudo. A energia mudou e mudou muito.

Se você tem trabalho e emprego, já é um grande motivo para agradecer e ficar feliz.

Mesmo que alguém se sinta superpoderoso, acredito que todo mundo saiba que não somos nada sozinhos. Na vida, um sempre precisará do outro para chegar aonde quiser. A união faz a força!

Hoje em dia, o indivíduo precisa ser excelente naquilo que faz.

Pense que você nunca está fazendo algo para o outro, mas para si mesmo. Isso ajuda muito!

Nossa profissão é uma fatia da nossa vida, mas não é a nossa vida. Apesar de passarmos a maior parte do tempo envolvidos com o nosso trabalho, não é isso que fará alguém se sentir ultrarrealizado. Esse pensamento poderá ajudar (e muito!) em nossas conquistas, a partir de agora.

Para mim, a vida é um pacote de muitas coisas e o trabalho faz parte dele.

Portanto, seja o melhor naquilo que você faz e procure fazer da melhor forma possível.

Esteja capacitado para poder realizar com excelência e sentindo-se feliz. Se não tiver condições de fazer ou executar um trabalho, por favor, passe a senha adiante.

Somente o tempo e a vida nos trarão *expertise* e *know-how*.

O tempo é e sempre será o melhor remédio para tudo.

Então, tudo o que fizer, faça de verdade e coloque muito amor.

E não tenha vergonha do seu trabalho, jamais. Não importa com o que você trabalhe! Pense que está sendo útil para as pessoas e para mundo.

A vitória sempre virá do árduo trabalho que às vezes depende de uma vida toda.

É claro que não devemos perder muito tempo na vida e com as coisas. Um segundo de diferença na largada leva à derrota na chegada. A vida lembra uma corrida de Fórmula 1, sabia?

Lembre-se que a prosperidade está dentro de cada um de nós, e não no outro. Olhe para si e caso ainda não tenha descoberto, descubra o seu potencial e talento o quanto antes. Desta forma, não perderá tempo esperando um trem – que o levará rumo ao sucesso profissional – e que poderá nunca passar.

Vamos arregaçar as mangas e ir à luta?

Tem coisas maravilhosas esperando por nós, acredite fortemente nisso!

Então, vamos lá buscar o que é nosso, por direito divino.

Desejo-lhe tudo de melhor, agora e sempre.

O BOM RELACIONAMENTO

Às vezes me pergunto o que falta às pessoas neste momento atual de nossas vidas?
E a resposta vem na hora: relacionar-se bem e de forma correta! E essa não é uma tarefa difícil para ninguém! Basta repensar alguns detalhes da vida e tudo mudará para melhor, pode ter certeza.

Hoje em dia, saber se relacionar bem é algo muito importante na vida de qualquer pessoa.

Vive bem e faz sucesso na vida quem consegue se relacionar bem!

Em qualquer lugar do mundo, as coisas que evoluem rapidamente e sozinhas são a desordem, o atrito e o desempenho ruim. Eles fazem os relacionamentos não progredirem e podem ser bem negativos.

Sabemos que onde houver agrupamento humano haverá conflito.

Portanto, vamos melhorar os hábitos e o nosso estilo de vida, para que cada um de nós possa se relacionar e viver melhor.

Temos que entender que todo mundo tem razão, mesmo que seja a razão do outro. Afinal, cada um só consegue olhar para o ângulo que quer ver, e pronto.

É preciso sorrir sempre, ter disciplina, saber se comunicar corretamente, ter boa conduta e postura adequada. É necessário ter caráter, ser honesto, saber falar e ouvir, não se expor demais e não ser venenoso, nem fofoqueiro. Tome cuidado ao fazer críticas e saiba ouvi-las também. Não pise nas pessoas, evite a grosseria e procure sempre apoiar os outros. Cuide de sua apresentação pessoal e da imagem que está passando ao mundo e às pessoas.

Tenha na ponta da língua e procure usar constantemente as seguintes palavras:

Desculpe,

Licença,

Obrigado,

Bom dia,

Boa tarde,

Boa noite,

Por favor.

Esses são mecanismos que permitem que cada um mude e melhore suas relações com as pessoas e o mundo.

Pense nisso e procure se relacionar de forma correta e elegante.

E acredite: você só tem a ganhar e será visto como alguém que todos querem ter por perto.

Então, vamos criar bons relacionamentos!

QUANDO CHEGA O NOSSO ANIVERSÁRIO

Ao iniciarmos um novo ciclo em nossas vidas, ele deve vir com mais experiência, mais humildade, com muita sabedoria e bastante maturidade.

É bom completar mais um ano de vida, agradecer a Deus e ao universo por cada segundo de existência e por todas as conquistas.

Devemos ser gratos pelas oportunidades que temos, por estarmos aqui e de alguma forma, cumprirmos com a nossa missão para com o universo. Pense desta forma!

É muito bom estar no propósito do bem e o mais importante, seguir o caminho da evolução moral e intelectual.

Mais do que nunca, hoje percebo que não podemos perder tempo na vida, nem as chances que vêm para cada um de nós. Elas passam e não voltam mais!

A vida é muito veloz e às vezes deixamos de ser felizes por decisão própria.

Então, vale a pena deixar os medos e as inseguranças para trás e seguir no caminho daquilo que realmente vai nos fazer felizes, resultando em momentos de felicidade, bem-estar e prazer.

Conecte-se à energia mais pura e bela do universo, que é o AMOR. Sem este sentimento lindo, é impossível viver de verdade. Dizer e ouvir "Eu te Amo", e de forma totalmente verdadeira, é algo para poucas pessoas, infelizmente.

Viver a vida da forma que somos e que gostamos de ser é fundamental. Vamos focar naquilo que queremos ser e não como os outros gostariam que fôssemos. Ainda que estejamos no meio de mais de sete bilhões de seres humanos na Terra, devemos ser nós mesmos.

Portanto, temos que aproveitar cada segundo, cada oportunidade de ser feliz, trabalhar muito e tentar nos guiar sempre para o caminho da luz.

É preciso olhar além da janela. Lá tem tudo o que queremos ver, ser e o que precisamos para viver bem. Lá se encontram as melhores oportunidades da vida, esperando por cada um de nós.

Jamais se esqueça de fazer o bem, ser do bem e tenha a certeza de que o resto vem!

E o mais importante é acreditarmos em nós mesmos, sempre e sempre.

Quando fazemos aniversário e estamos vivos, com saúde para comemorar, não podemos esquecer que somos merecedores de estarmos aqui.

Aproveite!

NOSSO PROPÓSITO

Quando olho para o mundo, para as pessoas e para mim mesmo, vejo o tanto de coisas pelas quais ainda temos que passar, mudar e evoluir.

Todos nós estamos em um processo de vida individual, porém coletiva, por isso é preciso respeitar o momento de cada um. Isso não é tarefa fácil!

Às vezes, percebo-me querendo mudar as pessoas ao meu redor, sem conseguir mudar a mim mesmo.

O processo evolutivo pertence a cada ser. Não podemos ter pressa na mudança e na transformação do OUTRO, e sim na NOSSA. Interferir no livre-arbítrio de outro ser, nem pensar; para não ir contra as leis do universo.

Se quisermos pessoas como a gente, é melhor ficarmos dentro de nós mesmos e nos tornarmos o nosso próprio melhor amigo.

Sempre questionamos o porquê de fazermos tanto pelos outros, muitas vezes mais do que para nós mesmos. Na realidade, cada um tem o que merece. Se as pessoas aproveitam as oportunidades ou não, a responsabilidade já não é nossa.

Sim... perdemos tempo, energia e tudo mais. E nem sempre damos o valor necessário para tudo o que recebemos de mão beijada e que o universo nos envia como presente.

Esperamos muito do mundo e das pessoas. Ficamos sempre no aguardo da gratidão humana. Isso dificilmente acontecerá!

Temos que fazer o nosso melhor sempre, sabendo que tudo o que fazemos para o outro, na realidade, é para o universo e desta forma, para nós mesmos. As atitudes e boas ações sempre serão bem vistas do céu e é isso que importa.

Sabemos que o coração é terra que ninguém anda e nunca andará.

Temos que acreditar que dias melhores virão e que pessoas boas farão parte da nossa vida no decorrer da existência.

Viver é ter provas diárias, é estar no propósito do bem e caminhar para evoluir. Não podemos nos esquecer disso.

Somos testados o tempo todo pelo universo e ele cada vez está mais seletivo. Se não servirmos a ele, a providência será tomada.

Outra coisa importante é nos colocarmos no lugar do outro, o que não é tão difícil assim.

O que formos fazer para o mundo e para as pessoas, que façamos o nosso melhor, sempre.

A vida ensina, corrige, aperfeiçoa, transforma, devolve, cuida, se encarrega, começa e termina.

Os jovens querem se dar bem na vida e são imediatistas. Tudo tem o seu tempo!

A maioria dos seres corre atrás de dinheiro, sexo e poder o tempo todo. Isso não é bom!

Não temos mais limites para tantas coisas na vida. É preciso tomar mais cuidado!

Como fazer uma transformação nesse momento louco e de tantas mudanças? Como chegar aonde queremos?

Tentando viver cada vez melhor e procurar fazer o melhor a cada dia!

Tenha certeza de que nada na vida é por acaso. Tudo tem um motivo de ser e só o tempo mostrará isso.

Claro que cada um planta o que quiser, mas a colheita será obrigatória. Não tenha dúvidas disso.

Vivemos em um mundo de interesses, total interesse. E isso resulta em um consumo energético louco.

Cada um tem que fazer a sua parte e cumprir o seu papel nessa existência.

Sabendo que eu não vou mudar o mundo, nem você, vamos procurar fazer a nossa parte, com paciência.

Focar naquilo que é importante e colocar a nossa energia pura e de amor.

Ah, o amor!!! Só ele pode mudar e transformar tudo. O sentimento mais puro, mais poderoso e mais lindo do universo. Vamos nos amar mais e amar aos outros.

Tente se conduzir da melhor forma. Espelhe-se nas pessoas boas e do bem.

Faça o máximo para deixar um legado bonito e transformador.

Não se preocupe com a opinião alheia. Se temos propósitos e estamos fazendo o que é bom para nós e para o planeta, a opinião do outro terá pouca importância.

Então, bola para frente.

Vamos viver e viver bem!

A PASSAGEM

Apesar dos pesares, é tão bom estar neste planeta!
Saber viver, sorrir sempre, aprender e ensinar todos os dias, interagir com o mundo, ter a oportunidade de evoluir a cada instante e com todas as coisas. Isso é o que realmente vale a pena.

Sabemos que não é fácil viver, mas com calma, fé, força, paciência e persistência chegaremos lá. E já que estamos no caminho, não podemos desistir.

Cada dia é um dia; cada sonho é um sonho.

Colocamos tantas coisas em nossa cabecinha dura, que viver torna-se um grande desafio. Desanimar, jamais.

É preciso saber viver da melhor forma, sempre.

Amar e ser amado é gratificante demais. Abra o seu coração e deixe o amor entrar.

Ter amigos (bons e verdadeiros) é muito prazeroso.

O mais importante é ter saúde, poder fazer o que queremos, como queremos e no momento que queremos. Não ser prisioneiro de uma cama e ter a liberdade da vida é encantador.

Trabalhar a nossa HUMILDADE não é tarefa fácil, mas temos que persistir todos os dias. Isso nos leva à LUZ.

Aprender que ninguém é de ninguém. Colocar de lado o ciúme e a posse é uma tarefa complicada demais.

Um detalhe que coloquei na minha vida, desde sempre, é o ato de agradecer a tudo: aos bons e maus momentos, às conquistas, às derrotas, aos aprendizados, por mais que sejam dolorosos. Então, agradeça sempre. Faça disso um hábito diário e constante.

Estar conectado com Deus e com o universo é fundamental para o nosso dia a dia e nossa evolução moral e intelectual.

Não querer o que outros possuem é a prova de que estamos no caminho certo. Cada um tem o que merece, sabia?

Saber esperar que as coisas aconteçam em nossa vida é primordial. Tudo tem o seu tempo. E tudo vem do nosso merecimento. Então faça por merecer.

É essencial (e nada fácil) aceitar que temos defeitos e qualidades e tentar, ao máximo, conhecer cada um deles.

Tentar ser útil aos demais, sempre e sempre. Isso nos traz um bem-estar sem tamanho.

Criar oportunidades para que o próximo seja feliz é ser humano de verdade.

Dar, sem querer nada em troca, é um grande desafio. Mas é bom lembrar que a vida é uma via de mão dupla.

Saibamos dar valor a quem nos ama de verdade; saibamos valorizar, ainda mais, a quem amamos. Isso é divino.

Podemos escolher de quem não iremos gostar, mas escolher quem iremos amar, jamais. O universo envia e pronto! Cabe a cada um de nós se envolver no desafio da vida.

Para mim, o mais importante é perceber e aceitar que tudo nesta vida é passageiro. Tudo vai e vem, tudo é cíclico. Tudo passa e sempre passará, tudo!!!

Minha dica é aproveitar a vida, dando valor ao que ela traz, até mesmo através das dificuldades. Assim, estaremos buscando o caminho da perfeição, da gratidão e da evolução.

Anote uma coisa importante: a vida nos cobrará por tudo o que fizermos de errado e por tudo que deixarmos de fazer. E o universo irá retribuir por tudo que fizermos de bom para a vida. Não tem como fugir disso.

Portanto, viva cada momento como se fosse o último da sua vida.

Que possamos aprender a viver de uma forma verdadeira e simples.

Seja feliz de verdade. Se algo está lhe incomodando é porque não lhe traz felicidade. Então, repense.

Não deixe de viver um segundo.

Viva o hoje e o agora.

Tudo passa muito rápido.

Procure segurar todas as oportunidades que o universo lhe enviou ou está enviando. Assim, viverá uma vida boa e honrada.

Então, vamos em frente, viver pra valer.

AMOR À MODA ANTIGA

Para mim, o AMOR é a melhor energia do universo: a mais pura, a mais linda, a mais importante.

Todos querem ir para a luz ou na direção do amor. Já viu alguém dizer que Deus o ama? É verdadeiro!

Quando seus pais falavam que o amavam, não era lindo e estimulante?

Quem ama, ama mesmo e ponto final.

Quem sente o amor e já o conhece, sabe exatamente do que estou dizendo.

A pessoa que amaremos talvez não será escolhida conscientemente por nós. Ela simplesmente aparece e pronto!

Podemos até escolher a pessoa de quem não gostaremos, mas a quem amar, talvez não.

A pessoa cruza o nosso caminho, olha em nossos olhos, diz uma palavra, vai entrando devagarinho em nossa vida e quando percebemos, já tomou conta do nosso coração e praticamente de toda a nossa vida. Muito maluco isso tudo!

O amor pode ser bom ou ruim. Ele pode ser felicidade ou tristeza. Depende de cada um de nós.

Quando começamos a amar, temos vontade de sair correndo por aí, mesmo sem saber aonde ir. Que louco!

Quando o amor é recíproco, pega a gente de vez. E quando o amor é de alma... meu Deus, é uma loucura gigante.

Mesmo assim, ainda temos a capacidade de correr do amor. Escondemo-nos dele por medo de sofrer, mas quando ele bate à porta, ou melhor, em nossa alma, não temos o que fazer.

Essa energia é indescritivelmente contagiante, mágica e envolvente. A cada segundo, queremos a pessoa amada ao nosso lado, seja para cuidar, proteger, brigar, controlar e tudo mais. Não conseguimos nos desligar um minuto de quem amamos. E as perguntas em nossa cabeça são constantes: "Por quê? Por quê? Por quê?". Não tem resposta e pronto!

Relaxe e viva o amor, que é uma energia pura, linda e universal. A melhor para nós!

Uma vez, ouvi de uma pessoa muito especial que o amor não é para ser vivido, e sim para ser sentido. Naquele momento, não entendi direito. Hoje, esta fala faz um grande sentido. Com toda razão, temos que sentir a beleza de amar.

Quando não canalizamos o amor da forma correta, entramos na neura da posse e do ciúme doentio, que não passam de bobagens e perda de tempo. O que é do homem, o bicho não come! O ciúme mal administrado sempre será algo para nos agredir e nos maltratar internamente.

O que fazer? Tente equilibrar-se (o que também não é nada fácil quando estamos amando!).

E quando acontece uma separação e ainda tem muito amor envolvido? A dor é gigante e o sofrimento é árduo.

Como é que pode? Estamos num planeta com mais de sete bilhões de seres humanos, mas é justamente aquela pessoa que vamos amar – e não podemos nem escolher! Para mim, não tem nenhuma explicação para isso. O sentimento simplesmente acontece.

Nem todas as pessoas assumem o amor e o vivem. Nem todo mundo está pronto para amar e ser amado de verdade, sabia?

Às vezes, confundimos paixão com amor. É importante saber que são coisas bem diferentes. Acredito que a paixão, na maioria das vezes, é um preparo para o amor. E tem vezes que entramos direto no amor, sem ao menos passarmos pela porta da paixão. Isso sim é amor de alma e poderá durar a vida toda.

Temos que aprender que todos os seres humanos possuem defeitos e qualidades. Não somos bonzinhos 24 horas por dia. Ninguém é! Conscientize-se disso para não errar e sofrer tanto.

Quantos casais passam uma vida toda juntos? Isso se chama amor e é muito lindo. O amor verdadeiro dura uma vida ou várias vidas. Na minha crença e filosofia de vida, o amor pode passar por muitas existências. Tenho certeza disso!

Vejo tantas pessoas unindo-se pelo dinheiro, por posses, bens materiais, comodidade e sem conhecer o amor verdadeiro e de alma.

Toda laranja tem a sua metade.

É preciso estar receptivo, com a mente e o coração abertos, para que o universo possa agir e trazer o que realmente é e deve ser nosso, por direito divino.

E quando chegar o que é nosso, temos de perceber que chegou e saber segurar de verdade. Pense sempre nisso!

Para mim, o amor precisa vir com os seus temperos prontos – ou quase prontos –, que são: afinidade, sintonia, telepatia, conexão, compaixão, sabedoria, evolução, amadurecimento, harmonia, humildade e muita paciência.

Não temos que temer ou correr do amor.

Bateu, sentiu que a pessoa o ama e que você a ama também? Viva e viva de verdade esse amor. Não deixe escapar, não deixe ir embora. Faça isso e não se arrependerá lá na frente. Não tenha medo de ser feliz, não se preocupe com que os outros vão falar ou pensar. Seja você, ouça o seu coração!

Claro que, para amar alguém de verdade, é importante primeiro amar a si próprio (e muito!).

O amor é lindo. Se você quer, corra atrás do seu amor. Não tem algo melhor do que ouvir ou falar diariamente: "Eu te Amo". Quem passa ou já passou por isso sabe o que digo. É bom demais!

Então, o que você está esperando?

Achou o seu amor? Lute por ele agora, e não por coisas que não valerão a pena sentir ou contar ao seu terapeuta no futuro.

E sempre tenha algo em sua mente: o amor constrói ou destrói. Depende unicamente de você, do seu equilíbrio e de ninguém mais.

Portanto, ame e ame. Ame de verdade, sem medo.

E o futuro? O futuro a Deus pertence!

Para mim, amor e felicidade devem andar de mãos dadas, hoje e sempre.

Boa sorte!

Bom amor!

DISCIPLINA E BOA CONDUTA

Para se dar bem na vida, mais do que nunca é necessário ter boa educação, ser bastante disciplinado e ter uma boa etiqueta (pessoal e profissional).

Essas coisas não saem de moda, pode acreditar!

Nunca se cobrou tanta seriedade na vida, no trabalho, nos negócios e no lar, como na atualidade.

Hoje em dia, é necessário ser muito dedicado e determinado, ter boa conduta e bom caráter, ser decidido e honesto, ter pontualidade em tudo, ter cultura e informação, ser responsável e muito profissional.

O comportamento social/pessoal reflete na vida profissional de cada pessoa.

Comportamento gera comportamento.

O ideal é se comportar de forma correta, sempre.

Sabemos que estamos no mundo para aprender e precisamos aprender com as lições da vida.

É importante ter boas maneiras neste tempo de globalização e transformação. Isso passa algo muito positivo sobre cada pessoa.

Temos que falar de forma que todos possam entender.

Temos que ser claros e elegantes.

Pensar para falar e procurar dizer a coisa certa.

Estar informado sobre vários temas é fundamental para a conversação e para a vida.

Saber vender a sua imagem também é importante, porque é o seu marketing pessoal. E disso todos precisam, nos tempos atuais.

É primordial ter responsabilidade com a sua imagem, para com as pessoas e a empresa onde trabalha.

Esteja atento com a sua postura física, pois ela tem uma grande importância em relação à sua elegância.

Cuide dos dentes, do cabelo, da pele e dos cheiros. Isso é saúde!

Use a maquiagem adequada e o perfume na dose certa.

Tenha em mente a forma correta de se vestir para as mais variadas situações da vida.

Gafes... tome cuidado para não cometê-las com frequência e quando acontecer, saiba sair bem da situação. Errar é humano, persistir no erro não.

É muito válido aprender a se comportar no trabalho, em eventos e na vida como um todo.

Lembre-se que educação se dá demonstrando e não ensinando.

O ideal é trilhar o caminho correto, ter respeito aos demais, mostrar o melhor de si, ser querido e respeitado por todos, ter uma excelente postura e passar o melhor de sua imagem às pessoas e ao mundo.

Indo por este caminho, com certeza você será destaque por onde passar.

Disciplina, boa conduta e boas maneiras devem andar de mãos dadas.

Portanto, faça e mostre o melhor de você.

Vamos lá!

A FÉ

Todos nós já ouvimos falar que a fé move montanhas.

E pode acreditar, pois é mais que verdadeiro.

Se me perguntassem o que falta em muitas pessoas neste momento, não pensaria duas vezes para responder que é a "FÉ".

As pessoas precisam ter mais fé em si mesmas, em Deus e na energia poderosa que rege o universo.

Fé é acreditar, é se conectar, vibrar e ir ao encontro das coisas que queremos e precisamos para viver cada dia melhor.

Fé é a cura de todos os males.

Fé é saber que pode-se ir muito além.

Fé é ter aquela força e muita garra para que tudo sempre dê supercerto.

Fé é a manifestação de Deus dentro de cada um de nós.

Fé é ficar a um passo daqueles sonhos mais íntimos e que poderão se realizar amanhã. Basta querer e acreditar.

Fé é acordar e ter a certeza de que o novo dia será melhor e mais brilhante.

Fé é caminhar para o sucesso desejado.

Fé é lutar todos os dias para a vitória.

Fé é poder estar pertinho do Criador.

Fé é seguir em direção à felicidade.

Fé é ser mais ousado naquilo que se quer.

Fé é a certeza de que podemos ultrapassar todos os obstáculos da vida.

Fé é nunca perder as esperanças.

Fé é ouvir a verdade do nosso coração.

Fé é dominar o medo existente dentro de cada um de nós.

Fé é enfrentar os limites da vida.

Fé é realizar sonhos e desejos.

Fé é levantar da cama e ir à luta.

Fé é criar uma grande corrente do bem.

Fé é trabalhar e ter os resultados desejados.

Fé é ter a saúde almejada.

Fé é alcançar a prosperidade e a abundância que tanto queremos.

Adoro aquela música que diz: "Andar com fé eu vou, que a fé não costuma *faiá*!"

É com fé que temos que seguir o nosso caminho.
É com fé que podemos ir bem longe.
É com fé que chegaremos lá.
Então, nunca perca a sua fé.
Fé em Deus, fé na vida, fé em você e pé na tábua.

A FORÇA

Neste mundo de grandes mudanças e muitas transformações é mais que necessário termos bastante força para acordar para um novo dia e seguir em frente.

O tempo todo temos que tirar forças, mal sabemos de onde, para enfrentar os desafios da vida, que são muitos.

Saiba que todos, sem exceção, têm muita força dentro de si. Na realidade, temos forças suficientes para lutar todos os dias com tudo, contra todos os males e, principalmente, com a gente mesmo.

Busque sempre a sua força íntima e vá à luta.

Jamais desista de lutar e sempre que for preciso, encontre a força que precisa ter, na intensidade necessária para vencer.

Para sobrevivermos na atualidade é exigida uma força significativa de cada um de nós.

Quando realmente precisamos, vejo que aquela imensa e esperada força vem de onde menos imaginamos.

Nem sempre a força da qual necessitamos será a física. Na maioria das vezes, a força necessária está dentro de nossas mentes. Na verdade, a principal força está em nossos pensamentos positivos, otimistas e vibrantes.

Sabe aquela força mental que todos necessitam ter? Pois é exatamente essa que temos que buscar e encontrar diariamente.

Devemos ter força para caminhar adiante, sem olhar para trás. Desistir nunca, persistir sempre e força na peruca todos os dias.

Temos que esquecer de quem nos magoou e encontrar, na força, o perdão. E sabemos que isso não é nada fácil. Mas é a força da sabedoria ditando as regras da vida e do viver bem e em paz consigo mesmo.

Temos que nos esforçar sempre para sermos humildes.

É preciso que sejamos puros e verdadeiros com as pessoas, com o mundo e conosco. Isso sempre nos dará a força desejada para vencer na vida e superar os obstáculos.

Pessoas fortes têm mais facilidade para resolver os problemas da vida. Acredito muito nisso!

Quando fraquejamos, é o momento certo para encontrarmos a força interior de que tanto precisamos.

É claro que não conseguiremos ser fortes 24 horas por dia. A força precisa ser na dose certa também.

Mas podemos e temos que buscar forças internas e externas para vencermos os nossos limites, que muitas vezes são causados por não acreditarmos em nós e em nossos potenciais.

Não seja fraco e perdedor. Seja vitorioso, com as forças que você tem de sobra.

Não precisa ser o Sansão, Ben-Hur, Golias ou Hércules. Basta ser você de verdade, com toda a força que você tem e talvez não conheça.

Se você ainda não encontrou a sua força, comece a buscá-la agora mesmo.

Saiba que a sua fortaleza reside dentro de você.

Então, seja forte o suficiente para vencer.

Seja um ser especial, único, forte, otimista e diferente, como cada um deve ser.

Desejo-lhe toda a força que você precisa para ser você, sempre.

LIBERDADE

Gosto muito dessa palavra empolgante e firme. Ela tem uma força grande e positiva sobre as nossas vidas.

Realmente, precisamos viver livres e com muita liberdade para sonhar, conquistar, realizar e viver como nunca.

E acredito fielmente que não deve ser nada fácil viver sem liberdade.

Não ter a liberdade que desejamos e precisamos deve ser a mesma coisa que viver como um pássaro preso em uma gaiola.

Precisamos ser livres para voar e fazer o que queremos, podemos e precisamos fazer.

É necessário ter liberdade para amar, conquistar o que se quer na vida e para fazer o bem sempre.

Ir e voltar com total liberdade é prazeroso demais, além de ser fundamental ao ser humano.

É bem provável que se perca a liberdade, caso você venha a perder a dignidade.

Muitas pessoas estão presas aos seus pensamentos e em suas dores. Essa prisão individual não faz bem para nenhum ser humano. Vejo que as pessoas se prendem porque querem e com isso, deixam de viver.

Adoro esportes radicais, tais como saltar de paraquedas, descer a montanha com snowboarding, voar de paraglider, entre tantos outros. Essas coisas me fazem perceber o quanto sou livre. Sentir o vento no rosto, ir contra ou a favor dele, é uma grande sensação de liberdade e tenha a certeza de que me traz um prazer enorme.

Gosto de ter o meu pensamento livre.

Gosto da liberdade de criar coisas novas e belas.

Gosto muito do prazer da liberdade!

E para se viver bem, é preciso ter essas sensações de liberdade diariamente.

Estar livre, leve e solto é bom demais e não tem dinheiro que pague.

Existem tantas possibilidades para se ter liberdade, que mal conseguimos perceber e imaginar.

O ideal é aproveitar a idade para fazer tudo o que se quer e pode fazer com a liberdade desejada.

Vamos fazer de tudo um pouco enquanto temos saúde, tempo, disponibilidade e ânimo.

A liberdade é algo que todos os seres humanos querem e precisam para viver bem e felizes.

Portanto, não se feche, não se isole, não se cobre tanto, não se desespere, não se iluda, não dificulte as coisas, não tenha medo de ser livre, busque o que quer para você, faça o que puder fazer para ser livre como um pássaro. A vida passa rápido demais para ficarmos presos às coisas que não valem a pena em nossas vidas.

Liberdade é liberdade. É disso que precisamos e que vale muito a pena para viver com leveza e liberto.

Nunca podemos roubar ou tirar a liberdade do outro. Muito menos, permitir que alguém faça isso conosco.

Aproveitar a vida de todas as formas positivas é abrir asas para a liberdade.

O poder existencial vem da sensação de liberdade plena.

Liberdade para amar e para buscarmos o que precisamos é primordial para sermos felizes de verdade.

Não se aprisione aos seus problemas, já que existe uma solução para tudo na vida.

Não se julgue preso nos pensamentos negativos, já que a liberdade está dentro de você.

Sabemos que tudo na vida tem um preço a pagar, mas vale a pena o investimento de ser livre de verdade.

Não se deixe prender pelas mágoas da vida. Mantenha as coisas do passado no passado, onde precisa estar e ficar.

Não prenda ninguém pelo SEU interesse de ser feliz e não pelo da pessoa.

Não faça nada de errado ou ilícito, para não ser como os que jogaram fora a sua liberdade e estão presos em uma cela de cadeia, sem o direito de ir e vir.

Não faça da sua vida – ou da vida de seu parceiro – uma prisão de pedras e grades.

Busque a liberdade, brigue por ela e faça o que for preciso para ser livre como os seres de luz.

E para ser livre, não custa muito. Mas para estar preso, muitas vezes pode custar a vida.

Se por algum motivo você ainda não encontrou a liberdade que tanto busca, tome uma decisão hoje mesmo e não perca mais tempo.

Afinal, a conquista da liberdade é única e individual. Pense nisso!

Na vida, somos livres pelas nossas escolhas, mas não ficaremos livres das consequências.

O universo age com ação e reação o tempo todo.
Então, vá à luta.
Busque o seu amor-próprio e transforme o seu dia na liberdade que precisa para você mesmo.
Ser livre é compensador demais.
Desejo-lhe a liberdade que você precisa ter.

CONDIÇÕES E POSSIBILIDADES

Todos nós, seres humanos, precisamos analisar quais são as nossas condições e possibilidades perante à vida.

Só assim teremos a certeza sobre as coisas que poderemos fazer e ter, e de onde queremos, podemos e precisamos chegar.

É preciso entender que cada caso é um caso.

E que essa situação de entendimento das coisas será válida para tudo em nossas vidas.

É fundamental compreender que nem sempre a Condição e a Possibilidade estarão juntas, em 50% cada.

Pense naquilo que você quer e analise: quais são as possibilidades de ter?

E dentro dessas possibilidades, quais são as verdadeiras condições para adquirir?

Muitas vezes, a condição está longe da possibilidade ou vice-versa.

Tem gente com muita condição e pouca possibilidade, e talvez, com bastante possibilidade e nada de condição.

O ideal é sempre olhar para dentro de si, fazendo uma autoanálise para se compreender mais. Dessa maneira, teremos uma ideia mais clara das nossas condições e possibilidades, e das que mais fazem parte do momento atual de nossas vidas.

De qualquer forma, vejo que as duas coisas andam juntas, quase que de mãos dadas.

Pode-se ter um carro para viajar e não ter o dinheiro para a gasolina, entende?

Isso é ter possibilidade e faltar a condição!

Por outro lado, pode-se ter todo o dinheiro necessário para a gasolina e para a viagem, mas estar doente em cima de uma cama, sem conseguir se locomover.

Isso é ter condição e nada de possibilidade!

O assunto é meio confuso, mas quando detalhamos e analisamos claramente, conseguimos ter um facilitador daquilo que queremos e podemos obter ou fazer.

Já conheci pessoas com uma enorme condição de ir muito além. Uma pena que a possibilidade era praticamente nada!

Por outro lado, convivi com alguns que tinham poucas condições, mas as possibilidades os levaram muito longe.

Consegue entender que cada caso é um caso?

Não podemos nos prender a uma coisa, nem outra.

Claro que o ideal é ter um pouco de cada, mas nesse aspecto, não existe uma regra específica.

Ter, querer, poder e fazer são coisas totalmente ligadas às condições e as possibilidades de cada ser.

Saiba que ninguém é melhor que ninguém.

Todos somos iguais perante o pai celestial.

E cada um sempre na sua condição e possibilidade.

Entendendo as ligações da vida e seus mistérios, podemos compreender o que é ter condição e o que é ter possibilidade. Assim, conseguimos juntar os dois itens e chegar ao nosso destino com mais facilidade.

Entender o mundo e, claro, a si próprio é fundamental e necessário.

Portanto, vamos descobrir, agora mesmo, quais são as verdadeiras condições e as totais possibilidades que temos em nossas vidas?

E pode ter certeza de que viveremos melhor, com mais condição e muita possibilidade, se tivermos uma percepção bem clara das coisas.

Desejo-lhe um grande encontro de vida, recheado de abundantes possibilidades e verdadeiras condições.

OTIMISMO E ENTUSIASMO

No mundo atual, é necessário ser muito otimista e ter bastante entusiasmo.

Esses dois ingredientes estão faltando na grande maioria dos seres humanos, neste momento de luta e transformação.

Necessitamos ter mais prazer na vida, nas coisas que nos rodeiam e fazem parte do nosso viver.

Temos que entender algo muito importante: "O que somos ninguém é; somos um só".

É claro, dentro da condição e da possibilidade de cada um.

Temos que estar sempre preparados para entender e compreender ao ouvirmos o NÃO.

Essa palavra dói e corrói todos nós, mas ela existe, tem força e na maioria das vezes, é extremamente necessária para a nossa própria evolução.

E sabemos que é mais fácil dizer não do que sim. Por que será?

Acredito fielmente que todos têm direito a tudo neste mundo. Seja para ser feliz, trabalhar, fazer sucesso, ganhar dinheiro e ter tudo o que deseja para si.

Todos nós temos o direito de desejar qualquer coisa. Basta querer e lutar por aquilo que se quer, sabendo sempre de suas condições e possibilidades.

É preciso soltar energia pura e conhecer o potencial de si mesmo.

A boa imagem vem da sensação de bem-estar, de equilíbrio com o seu íntimo e com o mundo.

Gostar de si mesmo, agora e sempre, é valioso demais!

Somente com o autoamor é possível estar bem com o mundo, estar bonito, alegre e vivo.

O maior tesouro que você possui é você mesmo. Nunca se esqueça disso!

Então, não perca tempo com pequenas coisas na vida.

Vá à luta agora mesmo e coloque otimismo e entusiasmo em tudo.

Para isso, tenha claro em sua mente tudo o que deseja.

Você deve saber o que o seu coração almeja, quais são os seus objetivos, suas vontades e, principalmente, o que não quer para si próprio.

Saber o que se quer é fundamental!

Isso tudo leva ao conhecimento da sua verdadeira essência.

É uma viagem pelo seu interior, seu mundo e pela sua imaginação.

Procure sempre ter muita consciência e total responsabilidade por tudo o que fizer durante a vida.

Plantou, colheu!

Dessa ação e reação, ninguém escapará.

É a lei divina agindo sobre as nossas vidas.

Viver bem, partilhar amor, alegria, estar bem consigo mesmo e com todas as pessoas só favorecem o indivíduo.

Um ambiente se torna agradável quando você está bem e, mais ainda, quando você deseja amor a quem está a seu redor. Pense nisso!

Sabendo dessas coisas, elas nos levarão a ter mais otimismo e entusiasmo pela vida, não é mesmo?

E são esses elementos que nos fazem viver e aproveitar a vida, já que existimos e estamos aqui em uma viagem pelo planeta.

Muitas vezes, o segredo está nas pequenas coisas.

Portanto, vamos olhar mais para elas!

E além disso:

Vamos nos olhar por dentro.

Vamos ser mais otimistas.

Vamos ter mais entusiasmo em tudo na vida.

Vamos ser felizes de verdade.

Vamos ser realistas.

Vamos ser mais humanos e menos máquinas.

Vamos aproveitar a vida em todas as suas situações.

Vamos conquistar o que desejamos.

Vamos à luta agora mesmo.

Vamos ser vencedores!

INTELIGÊNCIA E SABEDORIA

Quando precisamos agir com inteligência?

E quando é necessário agirmos com sabedoria?

O ideal é termos um pouco de cada coisa e, se possível, usarmos as duas, pois ambas são divinas.

Todos nós, seres humanos, estamos neste planeta com um grande objetivo: evoluir moral e intelectualmente.

E para conseguirmos chegar à evolução que queremos e precisamos, será necessário que tenhamos um pouco dessas duas situações, a "Inteligência e a Sabedoria".

A Inteligência diz respeito ao potencial intelectual do ser humano, que nos capacita a interpretar, pensar, raciocinar, conhecer e compreender as coisas.

Nosso modo de administrar a memória, de julgar e de imaginar também fazem parte da Inteligência.

Já a Sabedoria mostra-se através do conhecimento profundo de algo específico ou sobre várias coisas.

E ela pode se manifestar de forma positiva – de alguém com bom senso, instrução e juízo – ou dependendo de seu uso, leva o indivíduo a usar de esperteza e malícia.

A sabedoria pode vir de várias fontes...

A sabedoria divina, por exemplo, é aquela que é proveniente de Deus ou de outras entidades que sejam consideradas divinas.

Sabedoria de Deus é uma das características mais mencionadas a respeito do pai celestial.

Deus é classificado como onisciente, ou seja, sabe ou conhece todas as coisas.

E é possível vermos a riqueza da sabedoria e do conhecimento de Deus em tudo no planeta Terra e pelo universo afora.

Quando estamos no bom propósito, agindo corretamente, fazendo o bem, sendo justos e corretos, estamos usando a nossa sabedoria. E isso é divino!

Quando analisamos as circunstâncias, paramos para pensar e refletir, temos total consciência das coisas, acredito que a inteligência esteja predominada naquele momento.

Nem todos os seres serão totalmente inteligentes e muito sábios. Mas existem muitas pessoas com as duas capacidades mentais, que envolvem a inteligência e a sabedoria de uma forma harmoniosa. Assim, será mais fácil para lidar com a vida e com as situações diárias que envolvem o indivíduo como um todo.

Sempre me pergunto: "Será que as pessoas nascem inteligentes ou se tornam, no decorrer da vida?"

E também me questiono sobre aquelas pessoas que possuem tanta sabedoria, que é lindo de ver e ouvir!

Nem sempre tenho as respostas corretas. É um tanto difícil analisar tudo e todos.

Mas vejo que são duas questões muito importantes para o ser humano, em sua caminhada e busca evolutiva.

Talvez nem todos consigam ter a inteligência que gostariam. Mas acredito que possam ter sabedoria, se souberem buscar, estudar e pesquisar a respeito das informações que precisamos para o nosso progresso.

De qualquer forma, é maravilhoso estar próximo a pessoas inteligentes e sábias.

Aprendemos tanto com esses seres, que não temos palavras para mensurar.

Minha dica sempre é refletir muito sobre a vida e sobre tudo. Parar e pensar é fundamental para se tomar qualquer decisão. E podemos pecar muito, caso não haja reflexão.

Ter conhecimentos novos, buscar sempre coisas boas e que possam nos enriquecer como seres humanos é fundamental.

Sendo assim, faremos um outro caminho em nossa existência. E esse caminho poderá nos fazer seres mais inteligentes e, ao mesmo tempo, adquirir a sabedoria de que tanto precisamos para levar coisas boas e de luz para a humanidade.

Quando trilhamos o caminho certo, do bem e fazemos as coisas boas, é possível termos o que queremos e precisamos nessa vida.

Então, vamos à luta e, se possível, que nos tornemos mais inteligentes e que essa inteligência venha recheada de muita sabedoria.

GANHAR E PERDER

Estamos nessa vida para ganhar, mas infelizmente podemos perder também.

Querendo ou não, a vida é feita de ganhos e perdas.

Quem não sabe perder dificilmente saberá ganhar!

Tudo na vida tem o seu lado bom e o mau, já que todas as coisas caminham juntas e na mesma direção. Precisamos aprender a ver, perceber, lidar com tudo e todos com bastante sabedoria, e aceitar os dois lados da moeda, ou seja, o ganhar e o perder no decorrer da existência.

Tudo é passageiro, cíclico e transformador.

Tudo muda o tempo todo.

Hoje podemos ganhar algo e amanhã, não.

Temos que nos adaptar às situações que a vida nos proporciona e oferece a cada dia.

Para chegarmos à vitória, é possível que tenhamos algumas perdas e talvez, derrotas pelo caminho.

Os vitoriosos são dedicados, merecedores e conseguem aprender com as suas quedas.

Ganhar e perder podem ser uma linha tênue. Já pensou nisso?

É claro que, a qualquer momento, podemos ganhar ou perder algo muito valioso de nossas vidas. O universo pode dar, como tirar. É assim que funciona!

A revolta, ao perder, não levará ninguém a lugar algum.

Só trará mais angústia e sofrimento.

O entendimento e a aceitação fazem muita diferença quando se perde algo.

Precisamos deixar claro em nossas mentes a seguinte coisa: as perdas de hoje poderão ser os ganhos do amanhã, e vice-versa.

O ganhar sem o agradecer pode nos comprometer lá na frente. É preciso ser grato pelas perdas também. Na realidade, é muito importante agradecer por tudo, o tempo todo. Entenda que existem perdas que são verdadeiros livramentos em nossas vidas. Talvez percebamos isso somente depois de muitos anos. Reflita!

No decorrer de nossa existência, colecionaremos ganhos e perdas, tenha certeza. O ideal é que haja um equilíbrio entre essas duas situações, que acontecem por motivos mais que justos, e que chegam em nossas vidas por merecimento e por justiça.

Não se pode ganhar todos os dias, nem perder.

Mas é certo que ambos os acontecimentos nos ajudam a evoluir. O que conta é o nosso entendimento para tudo.

Perder ou fracassar hoje pode nos dar mais garra para ganharmos e sermos vitoriosos amanhã.

Lembre-se que tem alguém lá em cima cuidando de nós. Alguém que nunca dorme e é justo em tudo.

Pessoas do bem ganham méritos divinos e podem ganhar coisas boas do universo sempre. Não basta se fingir de bom; deve-se verdadeiramente ter coração bondoso e boas atitudes.

É preciso ter firmeza e ser claro nos propósitos, nas mais variadas situações da vida. Jamais podemos deixar os perdedores se aproveitarem de nós ou até mesmo, pisarem na gente. O ideal é mantermos distância deles, já que criam esses hábitos.

Se perder hoje, esforce-se para ganhar amanhã.

E se ganhar hoje, saiba que poderá perder algo em algum momento.

Isso não é uma regra. É a força do universo e da vida, que nos fazem evoluir como seres humanos.

Nunca seja um colecionador de derrotas e fracassos.

Caso perca algo muito bom de sua vida, seja forte e firme.

Não desmorone ou desanime e jamais se faça de vítima.

Às vezes, aquilo que você acredita que foi perdido pode voltar em dose dupla, se for de seu merecimento, é claro.

Tudo em nossas vidas precisa ter os dois lados.

O positivo e o negativo fazem parte do nosso viver.

Quem percebe e aceita isso é realmente um sábio.

Portanto, vamos saber ganhar e perder!

Vamos aprender com a vida e aceitar os seus mistérios.

Mas não há dúvidas de que, com vitórias e ganhos, sempre teremos mais ânimo para viver e enfrentar a vida, que se transforma todos os dias.

Então, vamos viver em paz, equilibrados, felizes e com muita fé.

Desejo-lhe uma vida com muitos ganhos e força em abundância.

BELEZA FÍSICA E BELEZA ESPIRITUAL

Qual é a principal e mais importante beleza do ser humano?
É a beleza externa ou interna?
É aquilo que está fora ou dentro do ser?

Passamos a vida totalmente preocupados em mostrar para os outros a beleza externa.

Sabemos que essa envelhece e se acaba com o tempo. Afinal, o tempo pode levar tudo, não é mesmo?

De que vale ter uma exuberante beleza exterior e a interior não estar à altura?

A real e mais bela beleza, sem sombra de dúvida, é a que temos dentro da gente.

Já conhecemos por aí tantas pessoas belas/feias e já encontramos pela vida pessoas feias/belas, concorda?

Não vejo problema algum em querer e poder mostrar a beleza externa, desde que ela exista e seja naturalmente bela.

Vejo problema em não adquirir, valorizar e mostrar para o mundo e para as pessoas a beleza presente dentro de si.

Aquela que, no meu ponto de vista, é a mais importante e vem lá do fundo de nossa alma.

Quantas pessoas já tivemos vontade de conhecer pessoalmente e quando falamos com elas, foi terrível e nos primeiros cinco minutos, queríamos ir embora?

E aquela pessoa que nem era bonita fisicamente e, ao conhecê-la, foi demais! Falamos por horas e nem nos demos conta do tempo passar.

Então, qual a beleza que vale?

Precisamos valorizar e trabalhar, todos os dias de nossas vidas, aquela que está no nosso íntimo.

É claro que existem pessoas que conseguem ter as duas belezas e, quando isso acontece, realmente é fantástico. Mas sabemos que isso não é para todos. São pouquíssimas as pessoas que conheceremos, no decorrer da vida, com ambas as belezas.

Caso você não tenha a beleza externa como gostaria, tente trabalhar e melhorar a interna. Tenha a certeza de que é essa que valerá a pena deixar ser vista e sentida pelas pessoas.

Às vezes nos deparamos com casais cujos parceiros são opostos: um é lindo e o outro, nada belo. Por aí conseguimos perceber onde está a verdadeira beleza. E nem sempre está na conta bancária.

Muitas pessoas se preocupam (e muito!) com números e as altas cifras que estão no banco.

Outras, querem e precisam desfilar por aí com uma pessoa belíssima ao lado, para chamar a atenção. Fazer o quê?

Cada um é um, e não temos o direito de interferir na vontade, desejo, opinião e decisão de cada ser.

Devido à minha profissão, trabalhei a vida inteira com pessoas lindas, todas dentro do exigente "padrão" de beleza, e nem todas eram bonitas na essência. Faltava-lhes algo!

Outras pessoas eram belas, mas foram deixando as máscaras caírem pelo caminho. Acredite, isso é frustrante, uma grande decepção!

Mas tive o prazer de conhecer várias pessoas visualmente lindas e mais belas ainda internamente. Ah, que maravilha!

Realmente, a beleza precisa vir de dentro. E se, por sorte, ela se somar com a de fora, veremos a beleza em dose dupla.

Obviamente, todos precisam se cuidar, se valorizar, se sentir bem e bonitos, ter uma boa higiene, cuidar do cabelo, da pele, do corpo, comprar roupas e acessórios que combinem com a sua personalidade e brilhar muito por aí.

A vida é uma grande passarela, um verdadeiro desfile de moda. Todos nós estamos desfilando pela vida e, nesse desfile, é possível que recebamos críticas.

É por isso que vejo a necessidade de mostrar primeiro a beleza interior. Mas faça isso de forma natural e espontânea!

Todo mundo quer ser visto, valorizado e elogiado, não é mesmo? Só que, para tudo na vida, deve existir um limite. O espelho é um grande aliado, se não for o melhor que temos. Se tiver dúvida, pergunte a ele, que lhe dará a resposta verdadeira sobre suas duas belezas.

O importante é que cada um seja a pessoa que quer e pretende ser. Aquela pessoa única, especial e verdadeira. O ideal é sermos seres humanos cheios de uma só beleza: a espiritual, aquela que todos precisam ter.

Portanto, seja você de verdade e não perca tempo na vida.

Conheça-se, ame-se, valorize-se, aceite-se. Una a beleza física com a espiritual, e saiba que irá se destacar muito por aí. Você se tornará uma pessoa brilhante, especial e querida.

O amor-próprio e a autoestima vão lhe ajudar e muito nesta caminhada rumo ao sucesso das belezas da vida.

BELEZA FÍSICA E BELEZA ESPIRITUAL - **269**

Olhe para dentro de si agora mesmo e perceba toda a beleza do seu íntimo. Depois, tente observar os detalhes da sua beleza externa.

Junte as duas e desfile pela passarela da vida, fazendo muito sucesso por onde passar.

Nunca tenha medo de ser belo e de mostrar sua identidade e suas belezas para o mundo.

Seja belo por dentro e por fora.

Seja você de verdade!

A BATALHA

Você sabia que cada um de nós trava uma batalha neste momento? Acredite, pois é uma grande verdade!

Às vezes julgamos, fechamos os olhos ou as portas a quem precisa, e sequer damos ouvidos ao que cada um está passando.

Penso assim: quando não se pode ajudar, o ideal é não atrapalhar.

Mas acredito também que todos nós podemos, de alguma forma, estender as mãos a quem mais necessita.

Viver não é tão fácil assim e, para muitos, infelizmente a vida não é cor-de-rosa.

Todos estão neste planeta por um motivo e vários propósitos.

Então, é normal travar uma batalha com a sua existência e consigo mesmo. Querendo ou não, é disso que precisamos para o nosso crescimento como seres humanos.

Nenhum de nós passa à toa pelo que tem de passar.

Nenhum de nós é ou foi santo no decorrer da existência.

Estamos colhendo algo que um dia fizemos e que não era certo e humano. Pode ser que tenha sido em uma vida passada ou exatamente nessa.

Mas chega o momento que precisamos reparar os nossos erros, lavar as roupas sujas e colocar o trem no trilho certo.

Sabemos que a batalha íntima pertence a cada ser. Por mais triste e dolorosa que seja, ela é de cada um.

Muitas vezes, uma palavra, um olhar, um afeto, uma oração ou até mesmo uma ligação pode dar forças para alguém conseguir vencer essa batalha louca que precisamos enfrentar todos os dias.

A consciência de melhorar e de se transformar precisa ser individual. Mas a ajuda ao próximo pode ser coletiva.

Portanto, o ideal é parar de criticar, julgar e dar as costas a quem precisa. Somos capazes de ajudar muitos que jamais poderíamos imaginar que passam por dificuldades existenciais, mas passam. E pode ter a certeza de que muita gente trava uma batalha gigante neste minuto.

Vale o questionamento: "O que estou fazendo para o próximo e para o planeta?" Ouça bem a resposta!

Se queremos ajudar e a pessoa recusa a ajuda, tentamos mais uma ou duas vezes. Se ela continuar na negação, vamos vibrar e lhe enviar bons fluidos e muitas preces.

Saiba que o que fazemos para o outro, na realidade, estamos fazendo para nós mesmos.

Por isso, ajudar alguém a vencer sua batalha significa ficarmos fortes o suficiente para vencermos a nossa também.

Então, vale a pena refletir sobre esse assunto.

A VIDA PODE SER UM JOGO

Você sabe jogar?
Joga bem?
Gosta de jogar?

Se as respostas forem "não", é hora de aprender a jogar, pois a vida muitas vezes pode ser um Grande Jogo.

E precisamos saber se estamos jogando para ganhar ou para perder.

Costumo dizer que, na vida, já tem perdedores o suficiente. Então, se é para jogar, jogue para ganhar.

No jogo da vida, tanto as vitórias quanto as derrotas são de responsabilidade de cada um de nós. Portanto, não podemos culpar ninguém pelos nossos fracassos.

O juiz é e sempre será sua própria consciência, não se esqueça disso!

Pense em jogar de verdade, não perder tempo e, muito menos, perder o jogo. E, é óbvio, não perca as pessoas que jogam ao seu favor ou que torcem por você o tempo todo.

Sabemos que todos nós, às vezes, pensamos em jogar tudo pela janela. Só que nunca deixe passar pela sua cabeça a possibilidade de jogar sua vida fora. Jamais alimente esse pensamento!

Sabemos que, ao acordar para um novo dia, inicia-se uma nova partida. Se é para jogar, vamos jogar com fé, persistência, garra e muita força. E, claro, para ganhar e ser vencedor. Se não ganhar hoje, tente novamente amanhã. A vida nos dá oportunidades de jogar todos os dias.

Também é importante ter a certeza de que tudo o que jogarmos para a vida será lançado de volta para nós.

Você sabia que este mundo atual, moderno e transformador não permite erros?

Os resultados virão sempre da forma correta de jogar. Então, jogue corretamente e não perca tempo e energia.

Nesse cotidiano louco, vemos pessoas jogando umas contra as outras. Uma perda tempo!

Não podemos ser imparciais ou indiferentes com as coisas, com o mundo e com a pessoas.

O ideal é não desprezar quem nos ama de verdade. Um dia, pode ser tarde para fazer o reparo disso.

Temos que aceitar as nossas limitações na vida. Querendo ou não, elas fazem parte do jogo.

Se você fizer a coisa errada uma vez, é fácil fazer de novo, de novo e de novo. Pense nisso!

É como aquele ditado: "Trair e coçar, é só começar".

Quando estivermos prontos para a vitória, todos irão notar e comentar. Então, não se preocupe, nem perca tempo dizendo que é vitorioso ou o melhor dos melhores.

Todo poder passará um dia, seja ele qual for e de quem for. Se você não acredita, basta ver a história de todos os poderosos que passaram pelo planeta.

Agora, a sabedoria implantada e deixada pelos seres... essa nunca passará! Ela jamais deixará de existir e nunca sairá daquele ser sábio, que jogou a vida toda para ganhar e para semear coisas boas.

Minha principal dica é não se apegar àquilo em que não se acredita para você ou para o seu futuro. Vai por mim!

É doloroso, lá na frente, ter a certeza daquilo que o coração mostrou lá atrás.

Demorei para perceber que o vento leva e levará tudo.

Leva o que é bom e o que não é bom.

Leva o que acreditamos ser nosso e, também, o que não deveria ser.

Leva aquilo em que cremos ser bom para nós e talvez leve o que mais gostamos durante a vida.

Isso faz parte do jogo da vida. Temos que aceitá-lo como ele deve ser e o resultado que precisa ter.

Ainda vejo que a carência e o desespero existentes nesse jogo são elementos fundamentais para o desequilíbrio e tristeza plena aos seres humanos.

No jogo da vida, o ideal seria que todos fossem valentes o suficiente para enfrentarem seu próprio ego e sua vaidade. Esse é o grande terror do ser humano enquanto está vivo e consciente. E pode ser a maior derrota do jogo da vida de cada um de nós.

O orgulho e egoísmo podem atrapalhar e muito para se vencer o jogo.

Se todos nós pudéssemos fugir de algo que se chama "arrependimento", o travesseiro não seria tão pesado e doloroso todas as noites, por mais que ele seja um grande amigo. Mas viver é um jogo...

Criar o hábito de tentar se entender, como um ser relevante e que vai de zero a mil em fração de segundos, é um mistério que não sei se vale a pena estudar. Mas faz parte do jogo!

Temos que aproveitar todo o tempo durante a vida, que para quem corre muito é curto demais, e para quem fica parado, pode levar à derrota.

Pense em fazer coisas boas que, um dia, valerão muito a pena.

Faça coisas que lhe dê orgulho de si mesmo lá na frente, e saberá que é um vencedor.

Não se orgulhe de coisas ruins que fez na vida.

Não jogue um jogo sujo.

Não se aproveite de ninguém para tentar vencer o jogo.

Não use ninguém para ganhar o jogo.

Não se julgue o melhor jogador do mundo.

Não perca tempo jogando errado.

Não faça a sua torcida acreditar demais em você, se não estiver jogando corretamente. Gerar decepção não é bom para ninguém.

Saiba a hora de jogar, de parar e de recuar.

Podemos aprender com tantas coisas no jogo da vida, que nem imaginamos. Isso depende da nossa capacidade de nos observar e conhecer melhor.

Para vencer, basta ser um grande jogador e jogar corretamente.

E saiba que a vida dá, a vida cobra e a vida tira. Esse é o jogo da justiça divina e do universo.

Ter bons princípios de vida são fundamentais no jogo da vida. Ser correto, honesto, justo, íntegro e não trapacear no jogo, idem.

Não podemos ser colecionadores de medalhas e troféus. Temos que ser merecedores e vencedores no jogo da vida.

Quando estamos bem e jogamos corretamente, é certeza que as oportunidades baterão em nossas portas ou, muitas vezes, poderão entrar mesmo sem terem batido.

Tem pessoas que, em uma existência, conseguem mudar a vida jogando corretamente; outras que mudarão a vida de alguém em um jogo fraterno; e têm aquelas que mudarão as vidas do mundo em um jogo solidário.

Tem algo em que eu penso e me esforço para trabalhar todos os dias: ser bom e fazer o bem sempre, sem importar a quem.

Para isso, é importante não ficar preso à ingratidão humana. Cada um é o que é e faz o jogo que acha melhor para si mesmo.

Acredito fielmente que fazer o bem é o melhor jogo que podemos jogar. É o jogo correto, justo, verdadeiro, vitorioso e divino.

Ser humilde é um outro grande jogo. Na realidade, é um passo para ser campeão.

Muitas vezes é necessário fechar os olhos e ouvidos para a torcida. Fingir que não tem ninguém observando o jogo ou a nossa forma de jogar. Isso pode ajudar e muito! Até porque somos eternos aprendizes no jogo da vida.

Basta jogar de forma correta e fazer excelentes partidas no decorrer de cada existência.

Tem gente que tem garra, mas não agarra ou não sabe agarrar as coisas. Tem gente que agarra mesmo sem ter garra e sem saber que o que está agarrando.

Saborear a vida não é ter chupado vários picolés e sim ter feito muitos picolés para outras pessoas saborearem.

Quem quer fazer de verdade sempre dá um jeito de fazer bem-feito. Quem quer jogar para ganhar vai se esforçar para isso.

Para tudo existe técnica, persistência, disciplina e forma correta de jogar.

Ouvi a vida toda: "Quem pode manda e quem tem juízo obedece". Vai por mim!

Fazer rir quem quer chorar é ser um merecedor de Oscar. Isso é a arte de um bom jogo.

Mas não deixe ficar quem quer ir, nem deixe ir quem quer ficar. Isso é jogar corretamente com os outros.

Precisamos ser perceptivos mais vezes durante o jogo.

Também é necessário sermos mais assertivos no jogo da vida.

E se não sabe jogar da forma que gostaria, fique próximo a bons jogadores, de preferência aqueles que jogam corretamente, de forma justa e no propósito do bem.

Mas aprenda a ser um bom jogador, e bons jogadores podem ser grandes campeões nesse "jogo eterno que é viver e aprender a jogar todos os dias".

Agora que sabemos que a vida é jogo, precisamos jogar de verdade e para vencer.

Desejo-lhe um excelente jogo na sua vida.

A NOBREZA

Palavra um tanto difícil de ser expressada e, também, entendida. Muita gente acha que a nobreza está ligada somente aos bens materiais adquiridos ou herdados durante a vida. Ainda há pessoas que acreditam que são as posses que podem fazê-las nobres.

Até pode ser que sim, mas acredito que isso, em algumas situações, se tornou uma coisa do passado.

Na atualidade, não podemos dizer que pessoas nobres são as que têm muitos bens materiais.

Basta olharmos quantas milionários estão bem longe da nobreza!

Para mim, a verdadeira nobreza é aquela de alma, que pertence a seres que estão em suas buscas íntimas e no caminho da luz.

Acredito que a nobreza esteja ligada a valores morais e espirituais.

Uma pessoa nobre precisa ser generosa, leal, correta, honesta, íntegra e por aí vai. Aprenda isso!

É preciso se tornar um ser com boas condutas, bom caráter, bons princípios e valores de verdade. Sendo assim e indo por esse caminho, pode-se ter certeza que o indivíduo se tornará uma pessoa nobre.

Não vamos conhecer pessoas nobres todos os dias. Mesmo que tenham a maior conta bancária e todo o império que se possa ter na vida.

A essência positiva e iluminada transformará uma pessoa em nobre. Esteja certo disso!

No decorrer de uma existência, talvez não se consiga fazer tanta fortuna para tentar se tornar um ser nobre, como se imagina. Mas saiba que é possível trabalhar no propósito do bem e, assim, obter a verdadeira nobreza, que é a espiritual.

É possível sentir, de longe, um ser nobre de verdade.

E acredite: existem vários deles nesse mundo afora. Basta encontrá-los e aprender a ser como eles.

Claro que ninguém se torna nobre da noite para o dia.

Além do mais, o trabalho dignifica e enobrece o homem. Esse ditado popular serve como reflexão.

Não basta ser honesto, é preciso parecer honesto. Isso poderá ser um sinal de nobreza.

Então, vamos trabalhar para o bem e na proposta do bem, agora e sempre.

Vamos ser justos, corretos e verdadeiros com tudo e com todos.

Vamos conhecer mais os nossos valores internos e permitir que as pessoas os vejam e sintam.

Vamos adquirir cada vez mais caráter em nossas vidas.
Vamos ser bons e praticar o bem.
Vamos nos espiritualizar a cada dia.
Vamos perdoar a todos os que nos feriram de alguma forma.
Vamos ser honestos.
Vamos trilhar caminhos bons, verdadeiros e de luz.
Vamos levar luz a quem precisa.
Vamos sempre estender as mãos.
Vamos fechar os olhos e ouvidos para as maldades do mundo.
Vamos focar, todos os dias, em nossos reais propósitos.
Vamos levar segurança e confiança às pessoas que fazem parte da nossa vida.
Vamos ser estímulo de vida para o próximo.
Vamos melhorar as nossas atitudes perante o mundo e as pessoas que nele vivem.
Vamos nos perdoar e, também, aos outros.
Vamos colaborar para o progresso da humanidade.
Vamos ser íntegros com todos os seres deste planeta.
Vamos deixar de querer gratidão de todos os seres.
Vamos nos aproximar um pouco mais de Deus.
Vamos nos conectar ao alto todos os dias.
Vamos acreditar mais na força gigante e poderosa que rege o universo.
Se começarmos a desenvolver essas qualidades em nossas vidas, podemos crer que a nobreza virá e fará parte da nossa existência.
E o mundo precisa, cada vez mais, de seres nobres de verdade.
Portanto, podemos imaginar que a nobreza venha do nosso estado de espírito e de nossas atitudes mais íntimas e profundas.
Vamos ser nobres, então?
Vamos trabalhar a real nobreza?

BUSQUE SEMPRE A PAZ

Quer uma boa dica para viver melhor?

Viva em paz consigo mesmo e com os demais!

Busque sempre a paz e tenha paz.

Viver em paz é gratificante e nos traz uma grande sensação de leveza.

Muitas vezes, precisamos sair de cena para encontrar a paz que tanto buscamos e queremos.

Quando estamos em paz, olhamos a vida de outra forma e por outro ângulo.

É tão bom deitar e dormir em paz! Não tem dinheiro que pague.

Claro que, na turbulência da vida, as coisas não são tão simples assim e muitas vezes nos distanciamos da paz que almejamos. Então, fique atento, sempre.

A paz brota do bem-estar, nasce das boas atitudes, floresce em fazer o bem e dá frutos quando somos bons como seres humanos.

Acredito que a paz está dentro de nós e vem do equilíbrio da cada indivíduo com o divino.

As pessoas podem estar em guerra, o mundo pode estar guerreando, mas se você estiver em paz consigo mesmo, estará equilibrado, firme, bem e feliz.

Na vida, é preciso aprender as lições para vivermos em paz.

Às vezes, mediante as complicações do cotidiano, não fazer nada é a melhor opção a se tomar.

Têm dias que valem a pena viver. E têm dias que marcarão a nossa história.

As pessoas iluminadas sabem o que elas são e, também, o que é importante em suas vidas.

Pessoas de luz sempre irão transmitir muita paz.

Cuide bem dos seus filhos, netos e sobrinhos enquanto eles são pequenos, pois crianças com medo viram adultos destruídos e problemáticos. Com isso, poderão não ter paz em suas vidas.

Lições devem ser aprendidas e colocadas em prática.

O ideal é descobrirmos, o quanto antes, qual é o nosso papel nessa vida.

Nunca deixe de amar, de perdoar, de rir, de fazer o que gosta e o que o faz se sentir bem.

Amar é sempre algo magnífico na vida.

Saiba que o amor pode doer e tirar um pouco da sua paz, mas vale a pena.

Ninguém nunca esquece um grande amor.

O remédio para a dor do amor é só um: "O Tempo".

O amor sempre é o melhor caminho para tocar o nosso íntimo e acender a chama do viver.

Jogar a tristeza fora é um grande passo para estar em paz.

Eliminar qualquer tipo de pensamento maldoso e que possa estar dentro de nós pode ser um ótimo remédio.

Nunca deixe a depressão invadir o seu ser. Isso vai lhe tirar a paz.

Procure ser útil aos demais enquanto estiver vivo.

Seja bom, compreensivo e tolerante consigo e com as pessoas, o tempo todo.

Não se cobre muito!

Em alguns momentos da vida, é preciso baixar a guarda.

Jogue a frustração para bem longe de você.

Não se preocupe com a idade. É um privilégio envelhecer e poder estar vivo e evoluindo.

Nunca deixe de sonhar para não deixar de viver.

Não se preocupe com a opinião alheia. Ela é dos outros e não sua.

Não se maltrate e não permita que ninguém faça o mesmo com você.

Não se iluda com coisas que nunca valerão a pena.

Não permita que ninguém possa tirar a sua paz.

Se cair, levante o mais rápido que puder.

Nunca perca a coragem de viver.

Nunca deixe de lutar pelo que mais quer na vida, mas tenha sempre os pés no chão.

Não se vitimize por hipótese alguma.

Mantenha a cabeça sempre ocupada, cheia de coisas boas e bons pensamentos.

Nunca deixe de orar e vigiar.

Não seja ingrato com quem lhe ajudou de alguma forma.

Não seja mesquinho.

Não se torne um ser amargo e indiferente.

Trabalhe todos os dias para estar e ficar em paz.
Está na hora de buscar a paz.
Encontre-a!
Construa a sua paz.
Viva em paz.
Fique em paz.
Seja paz!
E eu lhe desejo muita paz.

O SUCESSO E SEUS SEGREDOS

O sucesso é algo misterioso, apetitoso e muito prazeroso. Mas também pode ser doloroso, se usado de forma errada.

Todos nós, seres humanos, queremos ser e fazer sucesso em nossas vidas. Seja no âmbito pessoal, profissional, sentimental ou financeiro.

E sabemos que o sucesso não sai batendo na porta de ninguém. Para adquiri-lo, é preciso lutar e trabalhar muito.

É necessário ir atrás do sucesso com todas as garras e forças. É preciso persistir. Temos que acordar cedo e ir em busca daquilo que queremos.

Nada é tão simples como muitos imaginam. Para alguns, o sucesso mora longe; para outros, mora próximo, bem ao lado, logo ali. E para essa distância, a única explicação que encontramos é a "sorte".

Para se chegar ao sucesso, é necessária muita sabedoria e muitos dias árduos de trabalho. Tem que saber enfrentar o sol, a chuva, o frio, o calor, as pessoas, as crises existenciais e todos os desafios constantes das nossas vidas.

E quando se chega ao sucesso, é preciso ter muita humildade para poder permanecer lá.

Querer é poder. Se queremos algo, é preciso lutar e trabalhar muito para obtê-lo.

E é claro que temos que saber conquistar as coisas de forma certa, correta e verdadeira.

Na busca pelo sucesso, será preciso trabalhar vários aspectos, além de uma grande mudança de hábito e estilo de vida. Afinal, a vida é um pacote de muitas coisas, que bem sabemos quais são.

Conquiste o sucesso e não perca os seus valores.

Precisamos entender que sonhos não se realizam sem fracassos. Quando fracassarmos, daremos mais valor ao sucesso, quando ele chegar.

Quando é para as coisas darem certo em nossas vidas, todo o universo vai conspirar para trazer o que queremos às nossas mãos, ou seja, o sucesso desejado.

Primeiro, começamos a fazer as coisas por amor. Depois, temos que fazer por mais amor ainda e finalmente, por amor e dinheiro. Vai por mim!

Ter dinheiro não é ter sucesso.

Saiba administrar a realidade das coisas e da vida.

O SUCESSO E SEUS SEGREDOS - **287**

Aproveite e usufrua do seu talento o tempo todo. Saiba que você tem talento suficiente para chegar ao sucesso que tanto deseja. O talento é uma grande ligação na direção do sucesso.

Se realmente você quer ter sucesso, admita o sucesso dos outros e trabalhe o seu, de forma honesta, todos os dias.

O dinheiro sempre será uma consequência daquilo que se faz bem-feito, acredite!

Primeiro vem o trabalho. Caso você trabalhe muito e corretamente, o sucesso virá e pode ser que venha recheado de todo o dinheiro que desejou.

Nunca tenha preguiça de enfrentar a vida e lutar pelo que se quer.

Jamais desista daquilo que você deseja muito.

Ajude as pessoas a realizarem os seus sonhos, desejos e sucessos.

As oportunidades podem vir de onde menos imaginamos. Portanto, fique atento a tudo e a todos.

É preciso aguentar firme e ter fé constantemente.

Sempre termine aquilo que começou, não deixe nada pela metade.

E quando tiver de fazer, faça bem-feito e deixe a sua marca registrada no trabalho realizado.

O sentimento de decepção pode afogá-lo, mas também pode ser o estímulo do qual você precisa para alcançar o sucesso tão almejado.

Corra atrás dos seus sonhos e de suas realizações. Cuidado ao focar somente no dinheiro, poder, prestígio e na fama.

Seja firme, não fraqueje e nunca desista daquilo que você quer.

Na história, já vimos grandes e poderosos nomes que começaram suas empresas e vidas profissionais em porões, garagens e cubículos, e depois se tornaram enormes potências para o mundo.

Dizem que Walt Disney chegou a Los Angeles com 40 dólares no bolso, após sua primeira empresa ter falido. Uma de suas criações mais importantes – o Mickey Mouse – teve tanto sucesso, que tudo mudou em sua vida. Conclusão: ele não será esquecido nos próximos 500 anos, por essa e muitas outras coisas que criou e fez. Além de acreditar muito em si mesmo, ele disse algo extremamente importante: "Todas as adversidades que tive na vida, todos os problemas e obstáculos, só me fortaleceram. Você pode não perceber quando acontece, mas às vezes um tombo pode ser a melhor coisa do mundo para você".

Portanto, saiba viver corretamente, ser tolerante, persistente e não jogue as boas oportunidades fora. Segure cada uma delas com toda a sua garra.

E procure ser sempre útil aos demais.

Não desperdice tempo e energia. Isso só lhe fará perder tempo.

Deixe as histórias da sua vida desenharem a sua própria trama.

Trabalhe naquilo que você ama, em que acredita, que o envolva de corpo e alma, e que seja bom e verdadeiro para você e aos demais. Procure ser bom naquilo que você faz e quando fizer, faça com muito amor, total dedicação e sempre bem-feito.

Saiba que podemos começar e recomeçar várias vezes na vida. Claro que para tudo existem limites. Mas, em tudo, é necessário respeitar o tempo. E não perca tempo com coisas ou pessoas que não valem a pena.

Nem todos vão acreditar em você, mas é importante crer em si mesmo.

Acredite nos seus sonhos agora, depois e sempre. Na realidade, jamais deixe de sonhar e acreditar em seu potencial.

O poder de transformar a sua vida para melhor está em suas mãos, e não nas dos outros, como imaginamos.

Seja sincero e honesto consigo mesmo e com todos os seres deste mundo.

Seja tolerante, digno, capaz, disciplinado, antenado, focado e muito humilde.

Não pise em ninguém para chegar ao sucesso.

Não use ninguém para se dar bem na vida.

Saiba que existem pessoas melhores que você no mundo. Então, junte-se a elas o quanto antes, para que aprenda com estas ou para que cresçam juntos. Não entre em competições que não valerão a pena.

Seja dedicado com todos e com tudo.

Saiba negociar com o próximo, negociando de verdade.

Nunca trapaceie nos negócios, nunca!

Pessoas grandes jogam para valer e não perdem tempo com mimimis.

Quando for para o trabalho, deixe a emoção em casa. Assim, não precisará ficar chorando pelos cantos.

No caminho para o sucesso, é necessário tomar algumas pernadas, mas não dê rasteira em ninguém.

Aprenda que, na vida, nada é e nunca será fácil, como muitas vezes pensamos.

O trabalho duro é o grande valor de quem quer chegar ao sucesso.

Pessoas vitoriosas sempre vão trabalhar mais do que o normal e nunca desistirão daquilo que almejam.

Saiba que nem todas as pessoas serão a Alice e, também, nem todos os países serão de Maravilhas.

Algumas vezes, a vida será um mar de espinhos e não um mar de rosas.

Emplaque o seu nome da forma correta, mas faça isso com muita sabedoria e humildade.

Se por algum motivo você não for totalmente inteligente, tente pelo menos ser esperto. Claro que de forma positiva, afinal, o mundo está cheio de grandes espertalhões.

Pare um pouco para respirar, meditar e viver. Saiba que o trabalho é uma parte da nossa vida. Somente uma parte, nada além disso.

Temos que entender que o sucesso é um pacote de muitas coisas, que podem ser boas ou não. Vai depender das circunstâncias e de cada ser humano.

Não passe a vida guardando dinheiro para os outros gastarem por você um dia. Usufrua daquilo que você conquistou com árduo trabalho.

Temos que gostar e aprender a olhar para o futuro, a ver as coisas a longo prazo. E o mais importante, deixar de ser imediatista. Nada é para agora e nada acontece sem planejamento e programação de vida.

É importante ser mais realizador do que sonhador.

Faça o seu papel e da melhor forma possível, sempre.

É preciso lutar por aquilo que se acredita.

Seja você de verdade, não use máscaras, seja autêntico.

Seja honesto e lucrará muito com isso.

Procure não dar ouvidos àquelas pessoas que se tornaram fracassadas por algum motivo. Cada um colherá o que plantou. Essa é a lei da vida.

Aproxime-se de pessoas que lhe puxarão para cima e não o oposto.

Tubarão nada com tubarão, sabia?

Um dia, ouvi isso de um amigo e nunca mais deixei de usar essa frase, que é superverdadeira!

Pessoas de sucesso estão sempre próximas a pessoas de sucesso. Elas só falam de sucesso e vitórias. Perceba isso, com urgência.

Seja leal com todos e nunca se arrependerá.

A vida é a soma dos nossos relacionamentos. Vive bem e se dá bem na vida quem se relaciona bem!

Mudar o tempo das coisas é praticamente sacrificar o destino. É tudo no seu devido tempo e temos de respeitar, aceitar isso.

Então, seja você sempre. Seja você de verdade! Dê o seu melhor e faça o melhor que puder.

Todos já passaram por crises e pensaram em desistir de tudo, em algum momento da vida. Mas vontade dá e passa, ainda bem! Seja firme e forte nos seus objetivos e propósitos.

Desistir do sucesso é quase desistir da vida. Persista em todos os momentos pelo que você deseja.

Acredito que não existe uma fórmula certa para se chegar ao sucesso. Então, crie ou descubra a SUA fórmula. Faça o seu sucesso ter a sua cara e personalidade. Com o seu jeito de ser, crer e fazer, você chegará onde imagina. Desde que tenha ou crie o merecimento necessário para isso.

Tenha muito caráter e não se perca na vida.

Então, faça tudo bem-feito e da melhor forma que puder. Capriche e não se arrependerá.

Busque ser o melhor naquilo que você faz e faça com muito afinco.

Seja bom, generoso, humilde e do bem, o tempo todo.

Use os melhores ingredientes e terá um sucesso muito saboroso.

Desejo-lhe muito sucesso!

E QUANDO TUDO TERMINA

Já parou para pensar que a qualquer momento a nossa vida pode chegar ao fim?

Que tudo pode acabar?

Ou melhor, recomeçar?

Todo mundo se planeja tanto para viver e são poucos os que realmente se preparam para morrer.

Estamos de passagem nesta viagem pela vida e a única certeza que temos é que um dia vamos morrer e desta forma, voltar à nossa verdadeira casa, que é o plano espiritual. Isso é renascimento!

A vida humana é preciosa demais. Então, vamos aproveitá-la ao máximo para fazermos coisas boas, que poderão nos ajudar nesta passagem.

O fato de estarmos aqui já nos dá a possibilidade de vivermos tantas coisas que queremos e podemos fazer. E na realidade, o que realmente importa é começar a fazer.

Somos livres para ir e voltar a hora que quisermos e isso é maravilhoso. É a liberdade que precisamos!

Podemos ser tantas coisas nesta vida, que mal imaginamos.

É possível nos encontrarmos na profissão que almejamos, ter os bens materiais que queremos, precisamos e merecemos.

Porém, o que mais queremos na vida é sermos felizes e ficarmos livres do sofrimento. Isso nem sempre será possível, mas deve ser trabalhado todos os dias.

O ideal é tomar cuidado para não fazer coisas erradas e de forma errada. Pense muito nisso!

Sejamos úteis e bons com todos e, assim, podemos crer que será muito benéfico para a nossa vida e, também, à morte.

Quanto antes descobrirmos o que nos faz felizes, será fantástico.

É por isso que o desenvolvimento espiritual é de suma importância enquanto a vida durar, já que ela vem com prazo de validade e sabemos disso.

Não devemos nos preocupar como vamos morrer, e sim com a forma que estamos vivendo. Essa poderá ser a grande sacada da vida!

A vida passa, o corpo morre e o espírito continuará vivo, já que praticamente todas as religiões do mundo pregam que ele é eterno. Mas lembre-se que o amor também é eterno.

Se trabalharmos o amor e a humildade em nossas vidas, valerá muito a pena.

O apego à vida e às coisas conquistadas, como os bens materiais e as pessoas que amamos, poderão ser fonte de perigo em nossa passagem para o outro plano. Todo cuidado é pouco, é preciso se desprender.

E todos sabem que não levaremos nada desta vida. Absolutamente nada!

Só levaremos da vida a própria vida, enquanto estivermos nesta existência, e aquilo que fizermos durante a sua vigência.

Vamos deixar de lado a raiva, a ingratidão, a vingança, o medo, a maldade, a ira, a preguiça, a inveja, o orgulho, a ignorância... são essas as coisas que podem nos atrapalhar em nosso processo evolutivo e no momento da morte.

O ideal é eliminar a mentalidade negativa em todos os sentidos. Use sempre o amor, a bondade, a pureza, a humildade, a compaixão, a solidariedade, a gratidão, o perdão e a sabedoria. Assim, mudaremos a nossa vibração, para elevar o nosso espírito.

Todos nós teremos que morrer um dia. Então, vamos viver a vida de forma bem vivida.

Não existe nenhuma garantia de que estaremos vivos amanhã, não é mesmo?

Portanto, vivamos o hoje com toda a intensidade e com todo o amor do mundo. O presente momento é um grande presente de Deus.

E precisamos deixar claro, em nossa mente, que este mundo não é a morada verdadeira.

Ele nos serve como um grande estágio de aprendizado e evolução.

Ação e reação, prova e expiação, são partes importantes de todo o processo de viver bem e de morrer bem.

Nosso verdadeiro lar e de muitos dos que amamos estão do outro lado. Portanto, para quem for bom e do bem, poderá ser um grande reencontro.

Somos viajantes e estamos de passagem por aqui. Quando nos preparamos para morrer, tudo poderá ser muito diferente no momento final desta vida.

A vida tem muitos mistérios e a morte, para quem não está preparado, pode ser um mistério profundo. Mas quando se faz o bem e se praticam coisas boas, não tem com o que se preocupar.

Viver e morrer são coisas que fazem parte dos estágios de cada vida e de cada ser humano, rumo ao progresso de iluminação, renovação e evolução do ser.

Então, vamos viver bem para morrermos bem!

Desejo toda a sorte e progresso em sua caminhada, e que ela seja partilhada sempre de muita luz!

SOBRE O AUTOR

Reginaldo Fonseca é consultor de moda, escritor, fundador e idealizador da Cia Paulista de Moda, empresa que atua na Produção e Gestão de Projetos para o Sistema da Moda, produzindo grandes eventos e ações para shopping centers, tecelagens, grupos e marcas.

Considerado um dos mais renomados profissionais em consultoria e direção executiva/artística de eventos de moda em todo o Brasil, Reginaldo completou 30 anos de experiência no mercado fashion mundial em outubro de 2017.

Além disso, ele atua como:

- » Palestrante de Moda, Estilo, Comportamento e assuntos motivacionais;
- » Mediador de conferências e congressos do setor de negócios da moda;
- » Colunista para revistas de moda e sites de autoajuda.

À parte das viagens a trabalho, Fonseca está ligado à natureza sempre que pode, através de passeios ou atividades físicas ao ar livre.

Criado em São Paulo e radicado na cidade de São José dos Campos desde 1992, ele aprecia os momentos em família nas oportunidades de lazer.

DVS EDITORA
www.dvseditora.com.br

GRÁFICA PAYM
Tel. [11] 4392-3344
paym@graficapaym.com.br